# 合気の道

# 合気の道

武道の先に見えたもの

保江邦夫

海鳴社

# はじめに

思えば遠くに来たもんだ……この十年ほどの間、毎朝こう考えなかった日はない。

虚弱体質で運動音痴だった僕が、それまでの情けない己の生きざまを劇的に改めようと大学進学と同時に始めた合気道。だが、時既に遅し。合気道開祖植芝盛平翁が他界された直後だったため、「体力のない小柄な女子供や年寄りでも屈強な男を投げ倒すことができる」はずの合気道を目の当たりにすることはなかった。それどころか、合気道の師範や指導者達は一人二人の例外を除き巨漢ぞろいで、どう考えても「体力みなぎる巨体の屈強な男が体力のない小柄な相手を強引な関節技で痛めつけながらねじ倒す」のが合気道だとしか映らない。

人一倍真剣に打ち込んでいた合気道だったのだが、結局のところ身体が大きくて元気な奴が強くなるためのものでしかないと悟った瞬間、僕は大学の合気道部からきっぱりと足を洗った。むろん、だからといって「体力のない軟弱な僕でも屈強な大男を投げ倒すことができる」何かを模索する道を外すことはなかった。

当時はインターネット検索など夢のまた夢だったため、調べる方法は書籍をとおしてのみ。書店や図書館の武道コーナーに足を運んでは、古流柔術、剣術、空手、さらには忍術に至るまで触手を広げる。そうして判明したのは、どうやら日本武道には秘奥と目される「合気」と呼ばれる不思議な術があり、合気道は本来は「大東流合気柔術」から派生した武道であり、「合気」の術を用いた上で柔術技をかけることで「体力のない小柄な人間が屈強な大男を投げ倒すことができる」ということ。

だが、その肝心の「合気」に関しては、いったいどういう術理なのかさっぱりつかめなかった。いいかげんあきらめればよいのだが、何事にも飽きっぽい性格で三日坊主とまではいかないが一つのことを三ヶ月以上コツコツと続けることができないこの僕でも、どういうわけかその後も執念深く求め続けていくことになる。

そして、苦節三十年、……いやほとんどが他人任せの気楽な三十年を過ごした僕に青天の霹靂の如く襲いかかってきた進行したガン病巣。摘出が一日遅れていたら命はなかったという手術の直後から始まった、真実を伝える使者達の来訪。その中で、何故かこの僕がキリスト教に伝わる荒行としての活人術を授かってしまう。しかも、その術理を使うならば、長年追い求めてきた「体力のない小柄な女子供や年寄りでも屈強な男を投げ倒すことができる」合気の術を実現できるのだ。

この辺りのことは拙著『合気開眼――ある隠遁者の教え――』（海鳴社）に詳しいのでここでは省略するが、ともかく喜び勇んだ僕はガンからの生還を果たし、職場復帰してからというもの、女子大生達を相手に活人術を原理とした「合気」の術を解明していった。その途上に出版した『合気開眼』を手に取って全国から訪ねてきて下さった方々にもご参加いただけるよう、毎週土曜日の午後に岡山市野山武道館で道場を開設してからの進展は拙著『唯心論武道の誕生――野山道場異聞――』及び『脳と刀――精神物理学から見た剣術極意と合気――』（共に海鳴社）でご紹介したとおり。

こうしてキリスト教活人術を「冠光寺眞法」、その術理を応用した合気の術を用いる柔術を「冠光寺流柔術」と銘打ち、求められるままに多くの武道家の皆さんにお伝えしてきたのだ。その後、順次神戸や東京にも道場を設けることができ、中国・四国地方だけでなく関西圏と首都圏さらには遠く東北地方の門人も各方面で活躍してくれるようになった。

それだけでは、ない。今年に入ってから中部地方では名古屋に道場が開かれただけでなく、活人術を社会生活や企業経営の場で実践するための組織として「ＮＰＯコムニタ活人塾」までもが立ち上げられたのだ。

思えば遠くに来たもんだ……とは、実に僕自身の感慨を言い得て妙。まさか還暦を過ぎてからこのように東奔西走する日々を送ることになろうなどと、自分自身これまで想像だにしたこともなかったのだから。しかも、「合気」の神髄を広く伝えるために。

正直なところ、不安に駆られた僕は幾度となく自問していた。武道家でもなく、長年にわたって血の滲むような稽古鍛錬を重ねてきたわけでもない軟弱な人間のところに、どうしてそんな大それた役回りがやってきたのか⁉　いったい、どうやったらこの僕にそんな大役が務まるというのか‼

おそらく、そのままでは重圧に耐えかね、敵前逃亡ならぬ直前放棄で多くの人達に迷惑をかけたに違いない。だが、どうやら神様は十年ほど前に続き、再びこの僕を召し出されたのかもしれない。何故ならちょうど還暦の誕生日の前後に本当に久しぶりにまたぞろあの頃と同じ不可思議極まりない出会いが続き、その結果「合気」に対する理解をよりいっそう深めることができ、何とか「合気」を伝える役回りを果たせるようになったのだから。

本書においては、実際に還暦を迎える前後に起きたそのような出会いの中から、特に重要なものについてのみ時系列でありのままに描いておきたいと思う。それによって、如何にして合気の原理や目的に対する真の理解に至ったのかを読み取っていただけるならば、読者諸姉諸兄においても自ずと合気という日本武道の秘奥術理を身につけるという幸運に恵まれる可能性が出てくると信ずるからだ。

著者記す

二〇一二年夏

# もくじ

はじめに……5
隠遁庵からの出発……13
大震災と原発事故……20
東京に道場を開く……23
剣山の怪……28
ユダヤ人と剣山……42
弘法大師登場……49
人は死なない……58
霊と魂……62
空海の知恵……66

溢れる涙……71
エクソシスト再び……75
ある物理学者の苦悩……78
予見できた電話……82
悪魔の爪痕……92
逆転スクイズ……96
いざ広島へ……102
業捨と垢離取……106
業捨の副産物……112
医学部教授との対面……115
物理学者と共に……120
左脳から右脳へ……125
帰路に起きた奇跡……133
右脳暮らしという空海の教え……146
キリストの愛と合気への確信……153

弟子に教えられる……160
おわりに……167
付録　八頭芳夫さんによる書評……174

# 隠遁庵からの出発

還暦を迎えることになる二〇一一年の正月三日、僕が主宰となっているキリスト教活人術「冠光寺眞法」の門人炭粉良三さんの発案で、二十二年前の同じ日に起きた奇跡の道筋を振り返る旅（前出『合気開眼』参照）に出た。岡山駅で迎えた炭粉さんを静観者として後部座席に乗せた愛車は、あのときと同じ吉備路を通ってまずは親友・北村好孝君の家へと向かう。遠くに国分寺五重の塔を望むところで北村君が助手席のシートベルトを装着した。さあ懐かしき過去へのタイムトリップの始まりだ。

ナビゲーターの北村君の頭にはあのときの道がよみがえっていたのだろう、助手席からは要所要所で適切な指示が飛ぶ。むろん、僕の記憶にもおぼろげに残ってはいたし、何といっても全天が低く垂れ込んだ雲で覆われていた視界は二十二年前と同じだったため、容易に思い出していった。

広島県に入ってからも府中市を過ぎる辺りまでは何の問題もなく、車は懐かしさで彩られた田舎道を西へ向かってひた走る。だが、上の方に山陽自動車道の高架を見上げる谷底を走るようになってから、北村君がしきりに印刷した地図を見やるようになった。インターネットの検索サービスに目的地の住所を入力して表示された地図だ。そのとき初めて知ったのだが、何と北村君はその一年ほど前に僕を含めて数人の門人で五島列島での隠遁者様ゆかりの地を訪ねたとき、地元の修道院に残っていた隠遁者様からの古い手紙にあった広島県からの差し出し住所を控えておいたという。

さすがだ。おまけに、二十二年前には存在しなかったGPSシステムによるカーナビもある。これなら、絶対に迷うことはないはず……ではあった。だが、そこは陸の孤島とおぼしき中国地方の山間部のこと、もう近くまで来ているはずという北村君の顔が曇りがちになる。気になった僕が車を止めて印刷した地図とカーナビの画面を交互にのぞき込んだところ、確かにこれでは正確にはわからないと納得。何故なら、地図を見る限り、ほとんど大草原の真っ直中に目的地を示すペケ印がポツンとあるだけなのだ。これでは、同じく緑の平地しか表示していないカーナビの画面に当てはめることもできない。

せっかく懐かしき隠遁庵の近くまで来ていながら、最後の土壇場で現代の新兵器も全く役に立たない。困り果てた僕の脳裏をかすめたのは、二十二年前の奇跡の再来を願うという、お得意の「困ったときだけの神頼み」だった。北村君も、そして後部座席で静観していた炭粉さんも同じ考えだったようで、急に陽気になった三人はどんよりとした曇り空を見渡していく。

オーッ、という声にすらならないうめきを同時に上げた我々の視界の向こうに、確かにあのときと同じ雲間から射し込む日の光があった。すぐにその方向へと車を走らせていったのだが、照らし出された遠くの田園に着いた頃には急に垂れ込んできた黒雲から冷たい霙《みぞれ》が落ちてき始めた。

雲間から射し込んだ光

「やはり、ここだ！」

僕も、北村君も、そしてそれまでずっと静観していた炭粉さんまでもが興奮気味に叫び、県道から細い脇道へと入っていった車は二人の記憶だけを頼りにその辺りを力なく徘徊していく。だが、どこにも隠遁者様の庵跡は見つからない。隠遁者様亡き後、もはやあのときのような奇跡は二度と起きないのだろうか。天から射し込んできた光に導かれるなどという奇跡は。

そんな弱音が首をもたげ始めた頃、人の気配がする農家の前に来た。何とかしなければと思った僕は、脇道を塞ぐ形で車を停めたのも気にせず、農家の玄関を叩いた。叩けよ、さらば開かれん。そんな聖書の言葉がかすか

靄にくすむ隠遁庵

に後頭部をかすめた。同時に、庭に面した縁側からお年寄りの女性が現れる。急に降りだした靄に濡れたままで立ち尽くす三人の見慣れない男どもに向けられたいぶかしげな表情も、しかし昔いらっしゃったスペイン人の神父様の庵という言葉が出たとたん、明るい笑顔になって教えてくれた。ほら、あそこに見えてますよと、指さしながら。

その方向は既に何度も眺めていたにもかかわらず、三人の眼には全く留まっていなかった。必死で探していたというのに……。だが、こうして老女に指し示された我々は、すぐそこに隠遁者様がお暮らしになっていた懐かしい農家と納屋が靄にくすんでいるという事実を知る。深々と頭を下げた男達は車を農道の三叉路の脇に停め、ぬかるみかけたあぜ道を

隠遁庵の入口

急ぐ。隠遁庵は、もうすぐそこなのだから。

古びた農家の庭には、二十二年前にはなかった「モンセラートの聖母　四方庵」という銘が刻まれた門柱に十字架が立っていた。当時隠遁者様のお部屋があった粗末な納屋も、外から見る限りずいぶんと手が入れられて立派な離れのように映る。建立の途中だった庭の端に位置する木造の小さな聖堂も完成していた。

そう、既に二十年以上の月日が流れ、隠遁者様はもうこの世にはいらっしゃらないのだ。

降りしきる冷たい霙の中、どちらからとはなく僕と北村君は黙ったまま納屋の二階に向かって頭を垂れ、炭粉さんがそれに続く。それぞれの思いを込めたまま立ち尽くしていた全身が冷えきった頃、共に天候とは正反対のさわやかな表情となった三人は、笑顔も見せながら隠遁庵を辞す。停めていた車同様にずぶ濡れの上着をトランクに押し込み、車内で暖を取る間に運転席からの視界も戻り、あのときと同じ心地よさが持続する中を一路岡山へと向かう。

隠遁庵があった辺りを抜けたとたん霙も雨も上がり、一部には青空さえ見える。道路脇は正月三日の華やかさに満ちあふれ、縁をいただけた我々が隠遁者様の志に再度触れることができたという事実の重さを知ってか知らずか、炭粉さんが今年はまた格別の一年となるかもしれないと予感する。後頭部にそれを受けた僕は、運転しながら何気なく口走る。東京に道場を作るかもしれない、と。

むろん、昨日までそんな考えは毛頭なかった。

そのため、隠遁庵を訪れた直後に自分の口を衝いて出てきた言葉に僕自身驚いたのだが、心の奥底ではそれを完全に受け入れてもいた。岡山の田舎に住み、岡山で生計を立てている人間が東京の大都会の真っ直中に新しく道場を開くことの困難さなどたやすく想像できたし、よしんば道場を構えたところで、それまで一地方で細々とやってきた無名の流派の門人となる人達が集まってくれるわけもない。

冷静な己の思考を研ぎすませば研ぎすますほど、不可能としか映らないことだったのだが、隠遁者様の助けを得た形の魂はあらゆる束縛から解き放たれていく。その結果、車が岡山駅にたどり着くまでには、もう東京道場開設のプランがほぼ固まっていた。

そうなれば、事は早い。たちまちのうちに東京のど真ん中に位置する公共施設にある柔道場を、日曜日の昼間に隔週で借りる算段がついてしまう。それだけでは、ない。以前から岡山の道場に稽古に通ってくれていた関東地区の門人達が力を貸してくれ、かねてから入門したかったが遠い岡山までは行くことができないのであきらめていたという人達に声をかけてくれたのだ。中には、自分で開設していた道場の門人達を引き連れて稽古に参加してくれるという猛者までもが現れる。

ということで、あれよあれよという間にその年の四月から東京道場が開かれることになった。さらには、東京道場の知名度を上げる意味で、三月中に東京で講習会を開催しておくべきだとの意見も出され、実際に三月二十四日開催予定で計画されたのだ。幸い、以前から一度東京で講習会を開いてくれないかと声をかけて下さっていた合気道の道場の方にお願いしたところ、二つ返事で会場を提供していただけることとなった。さらには、広い範囲の武道愛好家に知らせる必要があったのだが、幸いにも『月刊秘伝』という武道・格闘技の専門誌の二月発売号に間に合うように開催通知を載せてもらえることになった。

そんな幸運に後押しされる形で、三月第一週までの時点で既に八十名もの参加申し込みがあり、その勢いを駆って四月からの東京道場の門人も確保できるのではないかと大いに安堵したのも事実。おまけに、雑誌『月刊秘伝』の出版社からは、東京での講習会の様子をビデオ撮影して上下二巻のDVDとして売り出して下さるとの提案もいただいた。

だが、好事魔多し。正月三日に隠遁庵から出発した二〇一一年には、とてつもない時限爆弾が仕掛けられていたのだ。

## 大震災と原発事故

三月十一日に起きた東日本大震災と、巨大地震直後に東北・関東沿岸部を襲った大津波によって引き起こされた東京電力福島第一原子力発電所原子炉のメルトダウンで広がっていった放射能汚染は、岡山の田舎にいた僕にも少なからず影響を及ぼした。東京で働いていた二人の娘を説得して休暇を取らせ、すぐに岡山に戻したのは我が人生最大のエールに値する見事な決断だったと今でも自負している。

その後の放射能汚染の広がりに危機感を募らせた関東地区の親戚や知り合いまでもが、西日本における唯一の避難先である僕のところに車を連ねて頼ってくるという連絡が入ったときには、二十四日に計画していた講習会はもう目と鼻の先だった。二十人近い人達が狭い我が家に集結するという非常事態に、当主であるこの僕が留守にしていたのでは混乱に拍車がかかってしまうことは明らか。

一晩思案した末、タイムリミットぎりぎりで講習会中止を決めた僕は、関東からの避難者達を迎えながら電話やメールで参加申し込みをして下さっていた人達全員に中止を連絡するという作業に翻弄された。むろん、災害に遭われた方々のご苦労の比ではないが、このときの忙しさと気の張りようはそれこそ経験したことのないものだった。いつもなら必ず冬から春への季節の変わり目に引き込むはずのひどい風邪も、張りつめた状況の中では出番すらなかったほどなのだから。

三月の末になると後手後手に回った原発事故対策が功を奏したとも思えなかったのだが、東京都内は計画停電を除けば何とか一応の日常生活を取り戻せてはきていた。そして、四月三日に予定していた東京道場第一回稽古までに一週間を切っていた。だが、都内での放射線測定値と福島第一原発の一触即発ともいえる状況を見るにつけ、ここは道場開設を半年ほど先送りするのがよいのではないかという理性的な考えが頭をもたげる。もちろん、同じような趣旨のご忠告を多方面から頂戴もした。

その上、東京近郊に住む知り合いからは、停電の影響で電車や地下鉄のダイヤが混乱している状況では、隔週の日曜日に都心の道場まで通うのも大変だとの意見が寄せられる。しかも、東北地方における震災被害者の救援活動のためにこそ休日の時間を費やすべき時期に、そんな訳もわからない無名の武道を学ぶゆとりのある人間は皆無だと言い切る向きもあった。確かに一理あるどころか、まことにもって全くの正論だ。

僕は、迷いに迷った。何も一番混乱しているときに、わざわざその混乱を助長しかねないようなことをしに東京に乗り込む意味が、いったいどこにあるというのか!?

冷静に考えれば考えるほど半年延期という最善の策が固まっていこうとしていたとき、朝目覚めた僕にフッと正月三日の光景が蘇る。そう、本当の理由こそわからないが、隠遁者様は何故か今年に東京で道場を始めるべきだと天国から教えて下さったに違いないのだ。半年先の十月から始めるというのでは、気分的には今年からとはいえない。やはり、年度始めの四月からにしておかなくては、隠遁者様の教えを無にすることになるのではないか！

四月開設にこだわる意味は、ただそれだけだった。何の根拠もなく、何となくそう感じたような気がする……といった、実に頼りない感覚があっただけ。それにひきかえ、己の冷静な思考だけでなく周囲の思慮深い人達の考えは実に明快だった。それまでの普通の生活を取り戻せていない関東の人達に東京道場に参加する余裕はないのだから、ここは延期以外に選択肢はないという。

それでも、理詰めの思考の奥底で、何かが引っかかっていたのだろう。僕は非合理で理不尽な理由を見つけては、誰の目にも明らかな延期という決断を明日へ、明日へと見送っていく。

もうこのままでは延期を事前に周知させることすら難しくなると思われた頃、他力本願へと誘う助け船が登場してくる。講習会の様子をビデオ撮影して上下二巻のＤＶＤとして発売してくれる予定だった、『月刊秘伝』出版社の担当者からの連絡だ。曰く、既に企画会議を通過しＤＶＤの販売予定まで立てていた社内での立場もあるので、四月から開始される東京道場での初回と二回目の稽古を撮影したものでＤＶＤを制作したいとのこと。

まさに、渡りに船。ここで道場開設を半年延期することにでもしようものなら、この担当者に多大なご迷惑をおかけすることになってしまうという大義名分が転がり込んできたのだから。

## 東京に道場を開く

こうして、四月三日には新設なった東京道場での初めての稽古が行われた。

実は、前年の暮れに神奈川県で合気道の道場を幾つか運営していた木上篤志さんという門人から個人的に相談を受けていた。それは、その合気道会派の世界チャンピオンにまで上り詰めていた彼が、持ち前の正義感の故に会派を脱退して独立するしか道は残されていないときのこと。もとより密かに正義を全うすることに人生をかけてきた僕のこと、すぐに彼を急造の関東支部長にすることで応援したいと願った。

ということで既に関東支部長は決まっていたのだが、木上さん自身は神奈川県に生活の拠点があるし、彼自身の複数の道場に通う合気道の門人が百五十人以上に及ぶため、余分に東京道場に来てもらうわけにはいかない。それに加え、東京都内の公共施設の柔道場を借りるためには都内に住居か勤務先がある人でなくてはならなかった。従って、東京道場を取り仕切る道場長としては、誰か東京に住む他の門人を指名する必要がある。

しかし、ここでもまた天の采配による予定調和としか思えないようなことが湧いてくるのだから、本当にその年の正月に隠遁庵を再訪したことに大きな意味があったに違いない。もう二年以上も神戸から熱心に岡山まで通ってくれる門人がいた。ちょうど東京から神戸に転勤になったタイミングに合わせ、以前から興味を持ってくれていた僕の道場に顔を出して以来、熱心に稽古を続けてくれた石田基幸さんだ。聞けば、東京では長年忍術の修行をなさってきたとか。つまり、正真正銘の忍者ということになる！

やはり前年の暮れのことだったが、その石田さんから話があり、関西勤務が終わり翌年の四月から東京に戻るかもしれないとのこと。それを聞いたときには、神戸からなら岡山に通うこともできたが、東京からとなるとしばらくは稽古に参加できないのが残念だという彼の話に、僕も筋のよい門人が減ることへの懸念を抱いたものだ。そう、その後に隠遁庵を再訪していなかったなら、石田さんとはそれ以上稽古を重ねることができない運命にあったはず。

それが、こうして四月から東京で道場を開設するということが現実のものとなったとき、事態はガラリと変わってくる。幸いなことに、石田さんは東京都内に四月から勤務する上に、お住まいも都内だった。東京道場長としては、まさにうってつけ。

まるで以前から計画があって着々と準備してきたかのように、木上関東支部長と石田道場長を擁する東京道場が立ち上がり、四月三日と十七日の稽古には出版社のビデオ撮影も入ることになった。だが、初回の三日が目前に迫ってきたとき、はたして何人の方が稽古に参加して下さるか急に不安になった。閑古鳥が鳴いている状態では、撮影にもまずいのではないだろうか？　そう考えて担当者の方に相談したのだが、一般門人の皆さんがいらっしゃらなければビデオ撮影のために道場を借り切ったと思って、カメラに向かっての技の演示と解説に専念していただきます。その方が、かえって好都合なのですが……という雰囲気だった。

どう転んでも出版社にご迷惑はかけないとわかったのだが、それにしてもカメラの前で僕の相手をしてくれる人が最低二人は必要になる。支部長の木上さんと道場長の石田さんがいるから大丈夫だと思ったのだが、残念ながら転勤したばかりの石田さんには会社の仕事が入っていた。相手が一人だけなら、万が一にでも怪我があったときにはそれ以上の撮影ができなくなってしまう。ここはやはり、これまで関東から岡山に稽古に通ってくれていた門人にだけは声かけしておくべきだと思い直した僕は、急遽数人の門人達に連絡を入れる。

後のことは知ったことか。ケセラセラ、なるようになるさ。そんな不遜な心持ちが勝っていた東京道場初稽古当日、早朝の新幹線で上京した僕が初めての道場に乗り込んでいくと、木上さん以外にも何人かの懐かしい門人の笑顔があった。神奈川から車で岡山に通っていた八頭芳夫さん、群馬で小学校の先生をしながら問題に直面している子供達のケアのために「どんぐり亭」という自然学舎を開放している後藤武史さんご夫妻、同じく群馬で合気道をやっている金城修二さんだ。彼らがいれば、それこそ岡山での稽古内容を東京でビデオ撮影するといった趣旨にはなる。

大いに安堵したのか、急に視界が開けたように思った僕は、道場の中に他にも懐かしい顔が見え隠れしていることに気づいた。一人はジャージー姿の若い女性で、東京にいる従姉妹の娘であり、もう一人は擦り切れかけた黒帯を締めた小柄の達者で、僕が以前通っていた大東流の合気の達人・佐川幸義先生の道場での後輩だ。その後輩とは、佐川先生がお亡くなりになってから初めて会うのだから、実に十三年ぶりとなる。その間に、確か南極にも行ったはずの学術探検家だ。

そんな笑顔が見え隠れするということは……、そう、道場の中には全く初めての人達が何人もいたのだ。むろん男性の方が多いのだが、若い女性も三名お見受けできる。しかも、お一人は黒染め稽古着に黒袴という凛々しい出で立ちで、古流剣術をなさっているとか。男性陣の中からは、年輩で穏やかな白髪紳士がすぐに声をかけてきて下さったのだが、その方は岡山での門人で宗教家の山本忠司さんと同じ宗派の幹部をなさっているとか。山本さんから岡山での稽古の様子を聞いていて、東京に道場ができたら一番に入門しようと決めて下さっていたという。実にありがたいお話だ。

こうして、四月三日の初稽古と十七日の二回目の稽古は無事に終わり、ビデオ撮影していただいた稽古内容はそのままで二本のＤＶＤとして販売されることになった（『合気を掴む・第一巻基本編・柔和無拍子な合気の６技法』及び『合気を掴む・第二巻実践編・融合大円和な合気の６技法』共にＢＡＢジャパン制作販売）。しかも売り上げの中から書籍同様に印税が支払われるとなると、ビデオ撮影に終始した四月は門人会費をいただくわけにはいかない。そう考えて、四月の稽古は無料開放とした。

その後四月末までに東京道場の問い合わせが数多くあり、この勢いでいけば何とか東京道場も軌道に乗るかもしれないと思われたとき、少なからず安堵した僕はふと閃いた。

「東日本大震災では何も救援や復興のお手伝いが直接できないのだから、せめて四、五、六、七月の四ヶ月間に入門して下さる門人の方々には入会費も毎月の門人会費も無料とすることで、間接的な支援をさせていただけることになるはず！」

まあ、その間の岡山東京往復の交通費自己負担など、手弁当で復興ボランティアに駆けつけたと思えばどうということはない。他に取り柄もないわけだから、せめてこのくらいのことはさせていただこうというわけだ。ゴールデンウィーク明けの稽古で集まった皆さんにそう伝えたのだが、これには多くの方々が素直に喜んで下さった。その中には、東京道場開設を遅れて知ったため五月からの参加となった青森の門人加藤晴敏さんもいたが、彼は青森から岡山まで本州を縦断して稽古にきてくれていた強者だ。東京道場になってからは夜行バスで往復し、毎回稽古に顔を出してくれる。

関東支部長の木上さんは、ご自身が指導している合気道会派の門人達に声をかけ、毎回十人以上もの皆さんを引き連れての参加が常態化している。また、一度は岡山の野山道場まで見学にきて下さった東山仙一さんは、東京の大手進学塾の名物数学講師だが、様々な年齢層の魅力的な女性達をお連れ下さっている。そんなわけで、六月頃からは毎回三十人を越える稽古参加者があり、柔道場が手狭に感じることが多い。

今では、東京道場の全会員数は百名を越え、群馬や千葉、神奈川はもちろん、北は青森、西は静岡からもお出で下さっている。やはり、隠遁庵を訪ねた直後の直感には、何か大きな意味があったに違いない。その昔、二度目の奇跡で隠遁者様に会わせることができた下の娘もまた、結婚したての婿さんといっしょに新調した柔道着で稽古に参加していたのだし。むろん、この時点ではそれが後々如何なる意味を持つものかなど、わかってはいなかったのだが……。

## 剣山の怪

福島第一原発の事故で低下した電力供給のために節電の嵐が吹き荒れる東京に隔週で出てくることに慣れ始め、一時は国外に避難していた外国人の姿もチラホラ見えるようになった、真夏とはいえいつもよりはしのぎやすく感じた八月。稽古の後で、下の娘が寄ってくる。仕事の関係で婿さんと合わせて取れる夏休みが九月頭になるが、そのとき二人で岡山に戻って墓参りをしたいとのこと。鎌倉で生まれ育った婿さんは中国・四国地方はどこにも行ったことがないようで、瀬戸内の海にも興味を抱いているとか。

こうして娘夫婦といっしょに車で四国旅行をすることになったのだが、婿さんの手前四国など自分の庭同然だという雰囲気に終始するためには、何回か行った周知の場所だけにしておくのが得策。その結果、高知と琴平を主たる目的地と決め、まずは岡山から瀬戸大橋を渡り一気に高知市内まで走った。高知城で旧知の中込照明君と合流すれば、後の観光案内は任せっきりにできるからだ。

翌日はさらに四万十川や足摺岬にまで足を延ばす予定だったのだが、まずは定番の桂浜に行ったところで崖上まで飛沫が及ぶほどの高波の連続に肝を冷やす。聞けば大型台風が向かってきているとのこと。これでは足摺岬など、高知県西部の太平洋岸はさらに危ない。ここは予定を早めて高知を離れ、瀬戸内に近い琴平に逃げるのが賢人の決断というもの。

だが、最後の清流として名高い四万十川をあきらめてもらうためには、どこか琴平への途中にある四国山地の景勝を訪ねるべきではないか。典型的な嫁の父親面をしていたかもしれない僕は、唯一手元にあった高知県の簡単な観光地図を穴が開くほど見つめ、そこに「大歩危・小歩危」という馴染みのある名前が印刷されていることに気づく。行ったことこそなかったが、四国観光に行く人が必ず訪れる定番の観光地だ。確か船による川下りもあったはずだから、これなら四万十川の代わりになる！

安堵した僕は、低く垂れ込めた黒雲が勢いよく流れ始めた中、車を高知自動車道に入れて北上する。四国のど真ん中に差し掛かった頃に高速道路を離れ、カーナビを頼りに断崖に作られた細い道路を進むと、確かに大歩危・小歩危を示す標識が現れる。同時に、「祖谷の葛橋」とか「剣山」といった方向を示す、小さな道路標識も見える。これまた行ったことはないが、どちらも小さい頃からよく耳にしてきた有名な観光地のはず。

おまけに、それぞれの場所までの距離を示す小さな数字は、文字どおり大したことのないものだった。これなら、大歩危・小歩危を観た後に祖谷の葛橋を回って剣山にまで行くことも可能だ。そう判断した僕は、さも四国山地に慣れ親しんできたかのような話しぶりで、娘夫婦に提案する。むろん、彼らに異論のあろうはずもなく、船下りの後に明らかな観光客向けの昼食もすませた能天気組を乗せた車は、対向車とすれ違うこともできないような山道をよじ登っていく。

それでも、切り立った峡谷を繋ぐ葛で編んだだけの吊り橋で有名な祖谷までの間は、先行する何台かの乗用車に追いつくこともあった。だが、葛橋見物を終え国道439号線を一路剣山へと向かい始めたとたん、前にも後ろにも車の姿はない。切り立った山肌と奈落の谷底に挟まれた極端に細い道は舗装もガードレールもガタガタの状態で、これが本当に国道なのだろうかと疑ってしまう。後で知ったのだが、439号線は「国道」ではなく「酷道」と呼ばれているらしい。

案の定所々で道路工事をやっているらしく、つづら折りのヘアピンカーブに限って土木業者の銘が入った大型トラックが突然向かってくる。その度に、こちらがバックして何とかすれ違うことができる道幅が確保できる場所まで戻り、イタチの最後っ屁よろしくまき散らされたトラックの排気ガスが充満する中を、再び剣山へと登っていく。おまけに、迫りくる台風の影響なのか、途中から雨が降り出してしまったため、車の速度をさらに落とす。スリップでもしようものなら、そのまま崖下に真っ逆さまとなるのは必至に思えたのだ。

こうして予想外に時間を食いつぶしながら剣山の観光リフト乗り場に到着したときには、雨足はかなりのものになっていたし、腕時計を見ると四時を回っていた。当然ながら観光リフト乗り場の駐車場はがら空き状態。リフト乗り場の係員に聞くと、剣山頂上でもかなりの雨量だとのことだったが、リフトは動いているとのこと。ただし、観光リフトの営業は午後四時半で終了となるため、今日中の下山は無理だとも告げられた。

まあ、最初から計画に入っていたわけでもないし、天候と限られた時間に阻まれて剣山見物をあきらめたとしても後ろ髪を引かれることもない。既に気持ちは次なる目的地へと向かい、リフト乗り場の下にあった売店で土産物を物色するという娘夫婦を残した僕は、車の中で簡単な観光地図とカーナビを見比べていた。この駐車場を出て元来た方へ少し走れば信号機のある三叉路まで戻れるが、そこが大歩危・小歩危から走ってきた国道４３９号線の終点だった。その三叉路から観光リフト乗り場までは既に国道４３８号線の一部となっていたのだ。そして、逆にリフト乗り場から三叉路に向かい、そこで右折すれば国道４３８号線を下ったままで琴平に到着できる。

これなら、初めての土地でも道に迷うこともないはず。しかし、念には念を入れるため、カーナビの目的地も琴平に設定しようとしていた。そんなとき、運転席の窓が不意に叩かれ、驚いて顔を振った僕の視界の中で娘の結婚相手が笑っていた。すぐにドアを開けて聞けば、何と僕が好きそうな本が売店にあったとのこと。

いったい娘からどんなことを聞いていて、この僕が好きそうだという判断をしたというのか、ここは現物を見てあまりに的外れだったなら嫌みの一つでもぶつけてやろう。そんな、いささか挑戦的な気分で雨の中を売店に飛び込んだ僕は、娘婿がやはり笑顔で指さしている一画に向かった。そこにうず高く積まれていたのは、本というよりは冊子と呼んだほうが似合う、薄い観光ガイドブック的なものだった。

同じ著者のものが三種類あったが、しかしどれも剣山のガイドブックとはとうてい思えないタイトルばかり。やれ、『北イスラエル十部族の大移動』やら『空海の暗号と暗示』、さらには『聖櫃アークと日本民族を守った大和朝廷』といった具合なのだから。手に取ってパラパラと頁をめくってみると、これはどうやらいわゆるトンデモ本というジャンルに入るのではないかと思わせる書きっぷり。

しかし、高校の頃から世界史や日本史が大嫌いだった僕と、いったいどう転んだらこの三冊が結びつくのだろうか⁉　内容はともかく、要するにトンデモな内容にすぐに飛びつくとでも思われているのだろうか、この僕というものが‼

少し憮然とした表情になっていたかもしれない僕が娘と娘婿の方を見やれば、悪びれた様子もない純真な笑い顔が二つ。ついつられた形で、こちらまでが顔の筋肉を緩めてしまう。まあ、そう思われておいても問題はないか……。そんなつぶやきが出る頃には、せっかく雨の中を駐車場まで報せにきた娘婿の顔を立てて、ここは一番安い一冊だけでも買っておくべきかと考え直す。レジに向かう父親が見せた予想どおりの行動に満足したのか、若い二人は互いに笑顔で交流していたのだが、視界の端にそんな光景を確認できた僕は「ともかく、父親の務めは果たしたのだから、八〇〇円の買い物は安いもんだ」とほくそ笑んでいた。

その昔、正義感のあまり学校教員に逆らうことの多かった中学生の娘を連れて、再度三原の隠遁者様を訪ねたときもそうだった。そのときも僕自身はあくまで娘を助けるためにそうしたと信じていたにもかかわらず、実際に助けられていたのはやはりこの僕だった。とはいえ、前回同様すぐにはそんな奥深いことに気づくことはできなかったのだが……。

それぞれが土産物を手に入れ、雨足が速くなる中を車に乗り込んだとき、助手席に座って観光地図を開いた娘に向かって、僕は先ほど見つけておいた琴平までの国道438号線ルートについて説明した。

「駐車場を出て左に少し走ればさっき通過した信号のある交差点に出るから、そこを右折すれば後は一本道で琴平まで行けるはず」

全員がシートベルトを締めたところで、がら空きの駐車場の中を白線を無視しながらゆっくりと出口に向かう。

よし、ここで目の前にある国道を左に向かって行けばよい。頭の中で冷静な思考が木霊しながら左折行動の準備に入る中、左右の安全を確認した僕の身体はどういうわけかハンドルを右に切っていった。しかも、それが自分の意図していた方向であったかのように、道を誤ったという印象は全くなかったのだ。

短いトンネルを抜けてからは、右下に奈落の谷底を見る形の断崖絶壁の細い道を下っていくのだが、高知から上ってきた439号線に比べれば道幅の狭さは同じでも舗装はずっと新しく、頑丈なガードレールが途切れなく続いていて安心感がある。これなら快適なドライブになると思ったとき、助手席の娘がふとつぶやいた。

「さっき駐車場を出たとき、左に行くんじゃなかった?」

快適な下山道を鼻歌交じりで楽しんでいた僕は、「そうじゃ」と岡山弁で簡単に答えたのだが、娘の二の句を聞いて一瞬頭の中が真っ白になってしまった。

「ほな、何で右に曲がってこっちに来たん?」

えっ、右!? そんな馬鹿な。ちゃんと左に曲がったはず……いや、今から思い出してみても、確かに自分がハンドルを右に回している映像が顕れてくる。ということは、自分自身では左折したはずだったにもかかわらず実際には何故か右折しただけでなく、そんな明らかな間違いにも気づかずそのままのんきに運転し続けていたということ。

むろん、とうていあり得ないことだ。何せ、何回も地図やカーナビで確認し、出発直前にもわざわざ駐車場からは左折で出ていくと娘に説明していたのだから。頭の中では未だにちゃんと左折したとしか考えられていないというのに、肝心のところで腕や身体が勝手に右折の動作をしてしまったという歴然とした事実。それを突きつけられた格好の僕は、本当に狼狽えてしまった。
そういえば、カーナビの画面では何故か目的地への道程を示す赤色の道路部分が進行方向と常に逆向きに延びていた。おかしいとは思ったのだが、四国山地の奥ではＧＰＳの衛星電波が乱れているため誤動作しているのではないかという浅はかな己の考えに押し切られていたのだ。ところが、本当はカーナビが正しく、逆戻りすべきだと教え続けてくれていた。
まあまだ十分程度走っただけだから、この先にどこか脇道か道幅が広くなった部分があれば、そこで車の向きを変えて元来た道を観光リフト乗り場の駐車場まで戻っても、ロスタイムは一時間以内に収まるはず。そう考えて、一台がやっと通れる程度の曲がりくねった細い下り道を進んでいったのだが、なかなかそんな場所は出てこない。代わりにだんだんと焦りが出てき始めた頃、僕だけでなく車中の全員が、あるものに心を奪われていく。

「コリトリって、何？」

誰からともなく発せられた疑問も、大いにうなずける。何故なら４３９号線とは大違いで、この舗装も新しい４３８号線では駐車場の右にあったトンネルを出たところから立派なガードレールが谷底への転落を未然に防いでくれていたのだが、そのガードレールからは五百メートルおきにこれまた真新しくて場違いに大きな標識が立っていたのだから。この細くてセンターラインもない道が

コリトリへの道路標識

国道438号線であるということを運転手に知らせる国道標識は道路の左側で切り立つ山肌に一ヶ所しかなかった。おまけに、その錆が浮いた古い標識はトラックなどが接触したためか、歪んだ状態でかろうじて見える小さなものだったというのに！

しかも、「コリトリ Koritori 10.5 Km」、「Koritori 10 Km」、「コリトリ Koritori 9.5 Km」……といった具合に、五百メートルおきに出てくる大きくて立派な標識には英字表記のみのものと、英字とカタカナが併記されたものが交互にあっただけで、漢字やひらがなによる表記はどこにもない。しかも、「コリトリ」というカタカナ文字がいったい何を表しているのか、皆目見当がつかないのだ。

さらに不可解なのは、この438号線はトンネルを抜けてからはずっと崖っぷちの道で、獣道のようなものも含めて途中で車や人が入っていける脇道への分岐などどこにも見あたらない、文字どおり正真正銘の一本道だということ。歩いて下るにせよ車にせよ、途中で道を間違えたくても肝心の間違える道そのものがないのだ。つまりは、絶対に道を間違える心配のない道だということ。

実際のところ、国道４３８号線という国道番号を記した古くて小さい標識は、たった一ヶ所にしかない。途中に分岐がない以上、一ヶ所にあれば充分だということは、何も節税に勤しむ国土交通省のお役人でなくても大いに納得するところ。然るに、正体不明の「コリトリ」への距離を示す新しくて大きな標識といったら、わずか十一キロメートルの間に二十本以上が五百メートルおきに設置されていた。もしこの標識が税金で立てられているなら、それこそすぐにでも仕分けの対象としなければならない無駄遣いのはず。トンネルを抜けたところに「コリトリ Koritori 11 Km」などと記した一本があれば用は足りるのだから。

既に全員がコリトリの標識をいぶかしげに数え始めていたため、もはや誰も途中で引き返そうなどとは思わなくなっていた。助手席で簡単な観光地図に見入っていた娘が言うには、二十キロメートルほど走っていけば国道４９２号線に乗ることができ、それを下っていけば穴吹というところで吉野川を渡って徳島自動車道に乗れるとか。そうすれば、駐車場を出たところで予定どおりに左に曲がって４３８号線を琴平に向かっていたのに比べても、ロスタイムは一時間程度になるはず。

それなら、このまま走っていけばよい。おまけに、既に頭にこびりついてしまった、このコリトリというものの正体も拝めるというもの。まあ、これほどまで大々的にその存在を知らしめてくるわけだから、よほど重要で珍しいものには違いないはず。当然のことながら、近づくにつれ車内の期待は大きく膨らんでいく。

「Koritori 6 Km」
「コリトリ Koritori 5.5 Km」
「Koritori 5 Km」
「コリトリ Koritori 4.5 Km」
……
……
……
「Koritori 2 Km」
「コリトリ Koritori 1.5 Km」
「Koritori 1 Km」
「コリトリ Koritori 0.5 Km」

ついに、コリトリだ！

コリトリ

「え、な、何、これ??」

そこにあったのは、「垢離取　コリトリ」と書かれ、朽ち果てかけた竹棒に打たれて立てかけられていた小さな木片だけだった。同じ竹棒には、白地で一ノ森という剣山連山の頂から尾根づたいに剣山に登る登山道入り口が示された、手書きの方向指示板が上の部分に取り付けられていたことからすると、コリトリを示す木片は後になってから申し訳程度に追加されたと思われる。

しかし、コリトリにちゃんと「垢離取」という漢字の正式名称があるのなら、五百メートルおきに設置された標識にも「垢離取 Koritori 9.5 Km」などと記すべきではなかっただろうか？各地の国道に掲げられている道路標識はすべからく漢字と英字表記となっているのだから。しかも、さほど難しい漢字ではない。わざわざカタカナで「コリトリ」と表記する必要が、いったいどこにあるというのか！

垢を離して取る……垢離取、コリトリ。しかも、単に谷川が流れているだけの、何の変哲もない場所……。

拍子抜け……などと言うことすらはばかれるような結末を前に、あきれるというよりもわずかながら腹立たしささえ覚える始末。いったいぜんたい、二十枚の真新しい立派な標識を五百メートルおきに立てておく必要が、どうしてこんな場所のために必要だったのか！　どう考えても、明らかな税金の無駄遣いだ！

そんな、軽い怒りにも似た言葉が口を衝いて出てくるのを大笑いで封じ込めた車内の雰囲気は、一刻も早くこんなどうでもよいコリトリにオサラバして先を急ぐというものに変わっていた。穴吹川に沿う国道４９２号線に入ってから下りの勾配が緩やかになったこともあり、僕は一路吉野川を目指してアクセルを踏み込んでいく。

こうして、何とか午後七時半には琴平に到着し、多度津の帰りに時々寄っていた小料理屋の横に確かにあったビジネスホテルへと予約なしで飛び込む。幸いにも、その日は空き部屋が多くすぐにチェックインできたため、この辺りは俺の縄張りだからなどと車中で豪語していた面目は保たれたようだ。各自の荷物をそれぞれの部屋に運び込んだ後は、親父風を吹かせた今日を締めくくるために、娘夫婦を引き連れて隣の小料理屋の暖簾をくぐるだけ。

数年前に一度連れていったことがあった娘は店を覚えていたらしく、入り口から中を見たとたん「あー、この店か」と納得する。その勢いで娘婿を紹介してからは、それこそ冷えた生ビールと白ワインで瀬戸内の魚を堪能しながら、険しい四国山地を無事に走破できた幸運を祝った。他の客達は、テレビドラマか映画に登場するような娘夫婦と父親のぎごちない関係を期待していたのかもしれないが、少なくともこの僕の中には極上の時間が流れていたのだ。

明日は朝から金比羅宮の過酷な階段を制覇してお参りするということになったため、九時半過ぎにはホテルの部屋に戻ってきた。温泉地琴平に泊まってビジネスホテルの小さなバスタブに入るのも変だが、今日の疲れを癒すというよりは、ともかく汗をかいた身体をさっさときれいにして横になりたい一心でのこと。

その日は、早いうちに高知を出てからずっと動き回っていたので疲労感もあったし、ワインの後には日本酒党だという娘婿に合わせて焼いた煮干しを入れた「炒り子酒」までも飲んでいたため、酔いも回っていた。横になれば、それこそあっという間に高いびき……のはずだったのだ。

## ユダヤ人と剣山

だが、どういうわけか寝付かれない。疲れと酔いのおかげですぐにでも眠れそうだったにもかかわらず、横になって三十分以上が経つというのに瞼はいっこうに重くならないのだ。あれこれと姿勢を変えてはみるが、やればやるほど眼が冴えてきて、これでは当分起きているしかない。

そう観念した僕は、リモコンでテレビをつけてはみたが、何やらつまらなさそうな番組しかやっていなかった。万事休す！　そのとき、テレビを消して天井を見る形で横になった僕の頭を、剣山の駐車場に停めていた車に声をかけにきた娘婿の笑顔がよぎった。そういえば、あのときせっかく雨の中を呼びにきてくれたのだからと、とりあえず一番安くて薄っぺらい本を一冊だけ買ってあったはず。あれでも眺めていれば、どうせ興味を持てない内容に違いないはずだから、すぐに眠くなってくる！

さっそく荷物の中から取り出した本は、薄くて軽くて横になったまま眺めるには最適な冊子だった。タイトルは『北イスラエル十部族の大移動』という、いささかぶっ飛んだものではあったのだが……。いつものように、まずは奥付にある著者紹介から見ていくのだが、何と著者は岡山県生まれの宗教家とある。既に多くの本を出されている古代史研究家で、どうやらいわゆる「邪馬台国の謎」と「古代ユダヤと日本建国の謎」が主たる研究テーマのようだった。

僕自身、高校のときから歴史は大嫌いで、大学入試もわざわざ社会科は地理で受験した少数派だ。そんなわけだから、邪馬台国だろうが日本建国、あるいは古代ユダヤと聞いても全く興味が湧かない。これなら、ほんの数ページ読むうちに眠気に誘われることは必至。願ってもない内容だと軽く考えた僕は、横になったままで最初から目をとおし始めた……。

数分後、重くなった瞼を支えきれなくなっていたはずの僕は、逆に眼を輝かせて真剣に文字を追っていた。こ、これは、いったいどういうことなのか！　紀元前七〇〇年頃に古代イスラエルの人達が日本、それも淡路島に上陸した後に吉野川を上って穴吹から剣山へと登り、そこにもう一つのユダヤ国家を打ち建てていたというのだ。しかも、その穴吹から穴吹川に沿って山上を目指し、最終的に剣山に登っていった場所がコリトリだった。

こうして、剣山の周囲の高天原と呼ばれた四国山地の上に築かれたユダヤの国が邪馬台国であり、そこの人々が山を下って天皇家となって日本を治めたとも。その証拠に、剣山の頂上に近い鍾乳洞の奥に、ユダヤ教の秘宝である神との契約の書を納めたアーク（聖櫃）が隠されているとあった……。

太平洋戦争に敗北した日本が連合国による占領統治を受けるとき、アメリカ占領軍最高司令官マッカーサーと面会した昭和天皇はこの驚くべき秘密を告げ、結果として日本のアメリカ・ソ連・中国による三分割占領統治が阻止されたという。おまけに、この奇想天外にしか思えない事実は外国、特にユダヤ人社会においてはよく知られているらしく、中にはエルサレムに次ぐ聖地として剣山を訪ねるユダヤ人も少なくないようだ。後日たまたま判明したのだが、駐日イスラエル大使は、着任早々に剣山詣でをすることになっているとか……。

なるほど、外国から剣山を訪ねてくるユダヤ人にとって、観光バス駐車場もある剣山観光リフト乗り場までならともかく何とかなる。その後、先祖が二千七百年前に初めて剣山に登っていった彼らにとっての記念すべき場所コリトリまで行くとしたら、あの崖っぷちの国道４３８号線を十キロほど歩くしかない。

今の日本人にとっては何の意味もない場所であれば、当然ながら本来はそこを指し示す道路標識など全くもって不必要。だが、遠い異国からわざわざ言葉の不自由な日本の田舎の山奥までやってきて、先祖の苦労を偲ぶかのように同じ山道を歩いて彼らの聖地剣山に登ろうとするユダヤ人達にとっては、たとえ枝分かれのない一本道とはいえ五百メートルおきにコリトリまでの距離を英字で示した標識の存在は大きな意味を持つはず！

そうなれば無駄にしか思えなかったコリトリまでの真新しい標識の存在も、スッと腑に落ちる。考えても、みてくれ。もし仮にスイスの山奥で観光地からは外れた谷間に郵便バスの停留所から下る細い道があったとして、そこにどういうわけか五百メートルおきにひらがなで「そかい７Km」などと記された標識が立てられていたとしたら、ひらがなの読めない土地の人達やスイス人達は不思議に思うはず。実際に行ってみたところで、そこにはこれといって何もないのだから。まさか、数百年前にそこに日本人租界があったために、今でも祖先の記念すべき場所を訪れる日本人が少なくないので、彼らが安心して歩いていけるようにしてあるとは思いもよらないはず。それと、同じことだ。

だが、剣山の場合はユダヤ人のために英字でKoritoriと書かれていただけでなく、カタカナでもコリトリとあった。ということは、半分は地元の人達や日本人のためにもなっているのかもしれない。ならば、先ほどの喩えは的を射ていないかも……。そんなことまでも思いながら、さらに興味深く読み進んでいけば、何とそこには紀元前七〇〇年頃に渡来した古代イスラエルの民族が使っていた古代ヘブライ文字とカタカナの比較表があるではないか。しかも、両者はほとんど同じ形と音を持っているのだ。

そう、単にカタカナ表記だと思われた「コリトリ」が、実は古代ヘブライ文字表記だった……とも考えられることになる！　そもそも、本来の日本語として「コリトリ」は意味不明に近い。現場にあった「垢離取」という漢字表現も、後でつけた当て字かもしれない。それほど難しい漢字ではないのだから、何もカタカナ表記を道路標識に採用する必要もないはずなのだ。

こうして、内容には何ら期待することなく、ただただ眼を疲れさせて睡魔を呼び寄せるためだけに読み始めた小冊子だったはずなのだが……、俄然興味をそそられた僕の頭はクルクルと先に進み、結局最後のページにたどり着く始末。こうなったら、二千七百年前に中近東から渡来したという我々の祖先かもしれない古代イスラエル民族の艱難辛苦を夢見るしかない。遙か時空を越えた先祖の大冒険に思いを馳せながら瞼を閉じれば、意外にもすぐに意識は遠のいていった。

翌朝は比較的すっきりと目が覚めたため、今や観光名所にもなったという讃岐うどんの工場の脇で朝食にうどんを食べた勢いで、金比羅宮に詣るという娘夫婦といっしょに大汗をかきながら山頂まで続く階段を数え上げた。むろん、その頃には昨夜読んだはずの剣山とユダヤ人の物語などもう完全に忘れ、迫りくる台風の影響で降り始めた雨の隙間をぬうようにして石の階段をかけ降りていく。

汗で濡れたのか雨でそうなったのか皆目見当もつかないシャツを車の中で取り替え、本降りになる前に瀬戸大橋を渡るべくエンジンを始動させる。ともかく、こうしてその翌日には珍しく岡山を直撃した台風よりも早く岡山に戻ったのだが、台風自体の被害は紀伊半島から中部地方に至る広範囲での大雨による河川の氾濫が最も激しく、娘夫婦の夏休みはテレビの台風情報に見入りながら親子で心配顔のまま過ごすことで消えていった。

そして謎のコリトリはどうなったのかというと、最も手頃なところで広辞苑を眺めてみたところ、「垢離」のみで既に「神仏に祈願するため、冷水を浴び、身体の汚れを去って清浄にすること」を意味するとあった。なるほど、あの谷川が修験者にとっての剣山への入り口にある清めの水場になっていたのか。とりあえずは、常識的な線で納得したつもりになったこともあり、頭の中では既に剣山への興味は完全に消えていた（とはいえ広辞苑にある「垢離を掻く」「垢離の行をする」「垢離を取る」という表現が気にはかかったのだが…）。それよりも、娘夫婦としての初めての帰省だったのだが、一瞬たりとも娘婿を退屈させることがなかったという自画自賛で満ち溢れていたかもしれない。

次の日曜日、東京道場の指導のために上京する。既に毎回三十人以上の門人が稽古に集まるようになり、稽古後には十数人の有志でビールを飲みながら楽しく語らうようにもなっていた。その日も例外ではなく、まだまだ日が高くて飲み屋が開いていないため、図々しくファミレスの一角を占拠する形で始まる。

そのとき向かいの席にいたのは、とある著名な宗教団体の幹部だという近衛修さんだった。彼は中学生の頃に合気道の開祖である植芝盛平翁の背中をお風呂で流したことがあるという合気道家でもあったが、盛平先生が亡くなられてから誰も先生のように合気を操れなくなったことを機に合気道の稽古から遠ざかっていた年輩の紳士だ。お酒が入ると、我々が知り得ない貴重な昔話が笑顔からこぼれるので、僕はついつい彼に飲ませてしまうようになっていた。

その日もほろ酔い機嫌の近衛さんだったが、誰かが僕の誕生年と誕生日を聞いてきたのに応えたとき、急に真剣な目つきを取り戻してうなった。

「うーん、やはりお生まれからしてすごい！　やはり、そういう星の下に！」

当然ながら、僕のほうは何を頓珍漢なことを言い出したのかと、半ばあきれ顔だった。それが物足りなかったのか、近衛さんは僕が生まれた日というものが、この日本にとって如何に重要な記念すべき日であるかについて熱く語り始めたのだ。

「まさに、そのお生まれになった日に、アメリカ進駐軍を統率するマッカーサー元帥が初めて昭和天皇に謁見し、その場で日本国民の悲惨な将来を回避する道が開かれたのです！　この日を境に、連合国側の日本占領計画は大きく見直され、そのおかげで戦後日本は単一の独立国として発展してこられたのです。ですから、この日はまさに日本と日本人が昭和天皇によって救われた意味深い日であり、その日にお生まれになった意義はとても大きいのではないでしょうか。しかも、その重要な日に生まれてつけられた名前が『邦夫』、つまり国（邦）を背負って立つ者（夫）というわけですから、これ以上のおしるしはありません」

えっ、剣山でなりゆきのまま買ってしまった、あのトンデモ本のような小冊子に書かれていた話と同じだ。しかも、剣山にアークが隠されているという秘密をマッカーサーに告げたのが、まさにこの僕がこの世に生を受けた日だったという……。

確かに、マッカーサー元帥が昭和天皇に初めて会った日が僕が生まれた日と重なったというのは、明らかな事実だろう。だが、日本全国で見れば、その同じ日に生まれた赤ん坊は決して少なくはないはず。たまたまその中の一人が僕だったというだけで、冷静に考えればそれ以上のことでもないし、それ以下のことでもない。単に、その日に生まれたにすぎないのだ……本来ならば。

だが、その一週間ほど前に剣山の土産物屋で娘婿が見つけた冊子の中に、年月日こそ出てはいなかったが昭和天皇とマッカーサー元帥にまつわる同じ話が詳しく書かれていたのだ。そして、思いもしなかったことに、その日がまさにこの僕の生まれた日だという……。それが、もし東京に道場を開いていなかったなら会っていなかったはずの人に、直後に教わることになる。

うーん……。その年の正月三日に隠遁庵を訪ねた帰り、ふと東京に道場を作るという考えが生まれたのだが、まさかその背後にこんな予定調和が隠されていたのだろうか？　そのときには、四ヶ月後に近衛さんという年輩の宗教家に出会ってからほぼ隔週で共に酒を飲み、九ヶ月後に昔隠遁者様に会っていた娘が結婚した相手と剣山に登ろうとするなど、予見することもできていなかったのだから。もはや、「意味のある偶然の一致」などという思慮深い表現ではとうてい表すことのできない、深いところから湧いてくる「意志」の存在さえ感じることができる。

ひょっとすると隠遁者様の御遺志なのか、あるいは神の思し召しなのか……。

## 弘法大師登場

ここまで見えざる神の布石が揃ったならば、そこは生来のB型人間の性。普通の人達にはトンデモとしか映らないユダヤ民族と剣山を繋ぐ物語に、僕は急激にのめり込んでいく。大型書店の検索サイトに「ユダヤ」と「剣山」あるいは「日本」とキーワードを投入すれば、出るわ、出るわ。むしろ、これまで本屋の店先や棚で気づかずにきたのが奇跡だとも思えるくらい、たくさんの類書がある。本当は全部を読んでおきたかったのだが、ずらりと並んだ著者名の中には本物のトンデモ本を書くことで有名な名前もあった。

注意しながら眺めていると、外国人が書いてアメリカやイスラエルで出版された本の訳書も何冊かあるようだ。しかも、決して最近のものではなく、けっこう昔に出版されている。ということは、トンデモ本の著者を含めて、日本人が書いた本は外国人の本の受け売りに近いのかもしれない。それなら、訳書以外は読む必要がないということか。そう理解した僕は、主に外国人が書いた訳書を取り寄せることにした。日本人が書いたものは、イスラエル人やイスラエルの公的機関の長が強く推薦している『日本とユダヤ運命の遺伝子』という出たばかりの本のみとして。

この決断は間違ってはいなかったのだが、中でもアメリカ人でユダヤ教の司祭（ラビ）をしている人が東京のユダヤ教会（シナゴーグ）の主任ラビとして来日したときに見出した、ユダヤ教と神道の間の極端な類似性を起点として日本人のユダヤ起源を論じていたものには圧倒された。さらにはイスラエル軍の元将校で、わざわざ日本の神社で見習い神官まで務めながら日本とユダヤの接点を探っていった著者もいた。そこでは、『大和民族はユダヤ人だった』という書名が物語るとおりの事実を裏づけるため、現代にまで残っている伝承や信仰における類似性など、様々な状況証拠が集められていたのだ。

それだけでは、ない。日本語のカタカナが古代ヘブライ語の文字と似ているだけでなく、日本語の単語で古代ヘブライ語の単語と発音も意味も非常に近いものが多いと指摘し、数百語についての対応表を作って辞書のようにも使えるようにしてあった。

なるほど、日本人でなく正真正銘の現代のユダヤ人達が主張しているというなら、これは信憑性が高くなってくるに違いない。興奮気味に読み進んでいたとき、ふとあの日のことが思い出された。そう、あの「コリトリ」だ。この対応表の中にあれば、その本当の意味が判明するはず！

残念ながら、そのものずばりはなかったのだが、二つの言葉の合成だと考えることはできた。「コリ」は今でも「古里」という漢字表記を使うことがある「故郷」であり、「トリ」は「トリイ」で漢字では「鳥居」、つまり「入り口」となる。ということは、「コリトリ」は「故郷への入り口」ということにでもなるのだろうか？

やはり、その昔にユダヤ民族が極東の島にまで流れてきたとき、あのコリトリの場所から剣山に登っていき、そこに住み着いていたのだろうか。それが本当であれば、確かにあの場所は「故郷への入り口」を表すヘブライ語として、「コリトリ」と呼ばれるにふさわしい。そして、そのようなユダヤ民族の苦労を偲ぶための巡礼として外国から現代のユダヤ人達が訪ねてくるのであれば、あのように五百メートルおきに立派な道路標識を立てておくことも意味がある。

では、肝心の国道の番号を知らせるための標識は既に色あせて変形していたというのに、国土交通省はどうしてそんな外国からの巡礼者のために新しくて大きな標識を無駄に数多く設置する予算措置を取ったのだろうか？　ひょっとして、予算は別のところから出ているのではないだろうか？

そんなことを考えながら、還暦の誕生日が目前にせまっていた頃、広島県の呉市から時折稽古に顔を出すようになっていた竹内肇さんがひょっこり現れた。六十代の穏やかな方だが、初めて岡山の稽古に参加したとき「この道場には本当に大天使ミカエルがいらっしゃる」となっていたのが印象的で、稽古後に話を聞かせていただくことが多かった。何でも、神様や天使など目に見えない存在を感じることができるようになってから、全国を巡って要所要所の山に水晶のお守りを埋めているとか。

僕が竹内さんの話を完全に信じるようになったのは、たまたまそんな彼の話の中に、数年前に地元のヤクザと喧嘩になったときの不思議な体験があったからだ。そして、その体験というのが、僕自身の体験に非常に近いものだったから……。

ある雨の日の夜、電車で最寄りの駅に降り立った竹内さんが、車で迎えにきてくれているはずの奥さんを捜していたところ、車寄せの辺りからガラの悪そうな大声が聞こえてきた。気になって近づいてみると、何と明らかにヤクザと思える大きな男が難癖つけようとしている相手が竹内さんの奥さんだった。見れば、奥さんはオロオロしながらも、しきりに頭を下げて謝っている。ともかく、間に入って何とかしなければ！

そう思った竹内さんは、いったい何故奥さんがそんな目に遭うことになったかも知らないまま、ともかくそのヤクザに向かって奥さんの代わりに頭を下げて謝り始める。そのうち、野次馬のように集まった人達が遠巻きにしてきた手前引っ込みもつかなくなったのか、相手が非力で人のよさそうな老人だと見て取ったヤクザは竹内さんに暴言を吐きながら殴りつけてきた。

善良な一市民の人生しか送ってこなかった彼など、大柄なヤクザにとってはまさにサンドバッグ同然。鼻血が吹き飛び、何度も倒れ込みながらも、彼はひたすら頭を下げて謝り続けていた。周囲の連中も心配はしていても、相手がヤクザだけに何も手助けはしてくれない。図に乗ってきたのか、あるいは何度殴り倒しても立ち上がってきてひたすら「すみません、すみません」と謝る相手によけいに腹を立てたのか、ヤクザはいよいよ本気で殴りかかってきた。

そのとき、少し前からまるで時間がゆっくりと流れるかのようにヤクザの動作がスローモーションになり、視界の中に白い点が現れたと思ったら、それがヤクザの顔や胸などにじっと貼りついていることに竹内さんは気づいた。竹内さんが注意を向けるとまるで白い蛍のように映ったので、このままでは蛍が巻き込まれてしまうと考え、自分の右手で追い払うことにしたという。すると、どうだ。手先が白い点のところに延びた瞬間に、都合のよいことにヤクザの顔が何故かその場所にきていて、結果として竹内さんの手先がヤクザの顔にクリーンヒット。大柄なヤクザは、思い切り顔を殴られた形でよろめく。

まぐれだと思ったヤクザは、さらに激しく殴りかかってくるのだが、竹内さんの目にはその動きは超スローモーションに映っているだけでなく、必ず現れてくる不思議な白い点を突いていけばどういうわけか毎回ヤクザの身体に一撃を加えることができる。周囲から見れば、さっきまで一方的にやられていた老人が、急に強くなってヤクザをボコボコにし始めたという図になっていたのだ。武道も格闘技も全く経験がない、痩せて小柄な老人が……。

その頃、やっとの通報で駆けつけた警察官達は、明らかに相手の顔や胸を的確に殴っている竹内さんを暴漢だと勘違いし、両脇から拘束して連行しようとした。ここに及んで、周囲の人達はやっと市民としての務めを果たし、警察官に事の次第を説明する。暴漢は、さっきから殴られ続けていたヤクザのほうだ、と。

実は、僕自身の体験では、これはまさに「合気」と呼ばれる日本武道の奥義が発動されたことに他ならない。その合気を、武道の経験など皆無だった竹内さんが、自分の命がかかった絶体絶命のときに何故か操れるようになっていたわけだ。まさに神業、神様のなせる御業としか、理解できないのだが……。

ともかく、こうした共通体験があることから、僕は竹内さんが語ってくれる話をすべて信じるようになっていた。そして、還暦直前の僕が稽古後に例の剣山のコリトリの話や、古代イスラエル民族の話を熱く語って聞かせたとき、彼は平然と言ってのけたのだ。駐日イスラエル大使は、初めて日本に赴任してきたとき、まずは剣山に登るのだ……と。さらには、あのコリトリへの何本もの標識を立てたのは宮内庁のはずだ……とも。

え、国土交通省ではなく、また外務省でもない宮内庁⁉　宮内庁といえば、国民の象徴である天皇についての諸事万端を司る国の役所。それが、いったい何故イスラエル大使や外国からの巡礼者のために……？

イスラエル大使館に出入りしている知り合いから聞いたという竹内さんも、それ以上のことはご存じないようで、そんな疑問に悶々としながらついに還暦を迎えてしまった僕は、翌週の日曜日に二人の門人を誘って剣山に登ってみることにした。

その理由は、こうだ。僕が竹内さんにコリトリや剣山の話をしたその席に、兵庫県の加古川から通ってくれていた古い門人の西山守隆さんもいて、昨年亡くなられたお父さんの遺品の中に何故か剣山やユダヤ関係の古い本が何冊もあったということを思い出したとか。それで、急に剣山のことが気になり、お父さんの整骨院を受け継いでいた彼は仕事が終わってから夜通し車を飛ばして、コリトリから剣山に徒歩で登ったのだ。

僕が還暦に突入する直前のことで、しかも二つ目の大型台風が直撃した直後だったため崖っぷちの国道に倒木や岩が転がっていて危険だと直感した僕は、これから剣山に向かうという彼のメールに対して夜明けを待てと返事をしたことを覚えている。しかも、その夜には剣山のすぐ側を震源とする地震があり、ニュース速報で見覚えのある地名が出たとたん、気になった僕は西山さんの携帯に電話をかけた。

さぞ驚いていることだろうと思っていた僕は、しかし西山さんの能天気な返答に思わず笑ってしまった。地震が起きた時間には必死であの狭い国道438号線をヘッドライトを頼りに登っていたため、地震などには全く気づかなかったのでまるで他人事のようだったからだ。しかし、僕の話に触発された形で台風一過の悪条件の酷道を夜中に走ってまでもコリトリから剣山を目指した門人が、道半ばで直下型地震によって車もろとも崖下に転落したというのでは責任重大。

そんな最悪の可能性が頭に浮かんでいた僕は、ともかく無事に走り続けていることが確認できただけで安堵できたため、明るくなってからにしたほうがよいという僕の忠告メールを無視して出発したことへの嫌みを少しだけ漏らすゆとりが戻っていた。だが、僕の忠告メールが届く前に加古川を出発していた西山さんに響くはずもなく、おまけに崖際の狭い道を深夜に携帯片手で運転するという過酷な状況から一刻も早く脱出させたかった神様の采配にも似た四国山地での電波障害のため、彼の声は「剣山から帰ってきたらご報告しますー」という関西弁を最後に聞き取れなくなった。

結局、コリトリに午前三時頃に到着した西山さんは、その昔イスラエルから渡来してきたユダヤ人達の足跡を辿るかのように歩いて剣山に登っていく。むろん、詳しい登山地図と装備を携えての上だ。山頂で美しい御来光を拝み、頂上付近にある神社で話を聞くなど、思い立ったら吉日という雰囲気での徹夜登山の疲れもなく、夜遅くに加古川に戻るまで実に心地よい一日となったという。その心地よさがいったいどこからくるのかについては、むろんそのときには不明だったのだが……。

そんな西山さんの幸せそうな剣山行きの顛末を聞き、これは僕も一度は登っておかなければと真剣に考え始めたのは事実。こうして、翌週の日曜日には僕自身も剣山に登ることになるのだが、体力のない還暦を迎えた人間を一人で行かせるのは危ないと思ってか、二人の門人が同行してくれることになった。東京道場長の石田基幸さんは、わざわざそのために岡山まで足を運んで下さった。もう一人は、神戸でフルコンタクト空手の流派を主宰する畑田数洋さんで、二人とも前日土曜日の野山道場での稽古に参加してからの合流だ。

こうして、還暦を一週間ほど過ぎた十月五日に懸案の剣山に登ることができたのだが、むろん若くてタフな西山さんとは違い観光リフトを利用する素人登山だ。そんなわけで、行きも帰りもリフト乗り場にある食堂や土産物屋に寄ったのだが、そこで僕は同行の二人に例の冊子を示した。二回目ということもあり、また日本に渡来してきた古代のユダヤ人と大和民族についてのイスラエル人が書いた本をちょうど読み終わっていたこともあり、そのときは既に買っていた一番薄い本の横に積まれていた厚手の二冊にも注意が向いた。

一冊は『空海の暗号と暗示』と題し、もう一方は『聖櫃アークと日本民族を守った大和朝廷』というものだった。

「えっ、く、く、空海⁉」

そこまで出かかった言葉をグッと飲み込みながら、僕はその厚めの冊子を手にした。空海といえば、日本史に疎い僕でさえ知っている偉い坊さんで、唐から真言密教の教えを持ち帰り高野山を開いて真言宗を興した弘法大師のはず。

「弘法大師か……」

ページをめくっていた僕の脳裏に浮かんだのは、何故かあの琴平の小料理屋に行く前には必ずといってよいほど、弘法大師ゆかりの場所を訪ねていたことだ。お生まれになった善通寺、堤が決壊して崩れていたものを唐で学んだ土木知識で見事に改修した満濃池、その側に建立された神野寺、等々。空海についてはそれこそほとんど知識も興味もなかったにもかかわらず、どういうわけか結果的に空海という偉大な存在を跡づけていたかのように。

これも読んでみるか……。ふとそう思った僕は、その二冊を持ってレジに向かう。既にお勘定をすませて待ってくれていた二人に礼を伝えながら、再び独り言のようにうなった。

「空海か……」

## 人は死なない

実は、その二ヶ月ほど前のこと、開頭手術中の患者の脳に電極を当てて脳の機能分布を世界で最初に見出したカナダの脳外科医、ワイルダー・ペンフィールド博士の晩年の著作『脳と心の正体』(原題は *The Mystery of the Mind*) を読みたくなっていた。人間の精神活動のすべてが脳によって生み出されていると信じて疑わない唯物論的脳科学者が崇拝してやまない、その方面の草分け的人物であるにもかかわらず、晩年はそんな考えを捨て去り自分の墓石にまでも「心は脳にはない」という趣旨のことを刻ませたと聞いたからだ。

大手の書店に注文したところ、法政大学出版会から出ていた訳本は既に絶版となっていて、入手不可能との返事があった。やむを得ずそのままにしていたのだが、そのうち九月の第一週目に娘夫婦とコリトリを通過してからはもっぱら古代にユダヤ民族が日本に渡来してきていたという話に引き込まれ、僕の頭の中からは消えたかにみえた。ところが九月中旬のある日のこと、いつものように全国紙の朝刊を手に取って一面から眺めていたとき、ふと下段に並んでいた出版広告の右端に目が止まる。それは、法政大学出版会による小さな広告だったが、そこには僕自身が求めていたペンフィールドという著者名が印刷されていた。ただ、訳本のタイトルは『脳と心の神秘』に変わっていたが、むしろこのほうが原題に近い。紛れもなく、読みたいと願っていた本だ。絶版になってもう手に入らないと知らされ、手に入れるのをあきらめたまさに直後のタイミングだったため、これは運がよいと思えた僕は自然と顔がほころぶ。

ワイルダー・ペンフィールド博士（北村好孝・画）

その緩んだ表情のまま、いつものように一面の上の方から眺めていこうと、視線を右下から左上に持っていく途中のこと。まるで重力で引かれたかのように、視点が紙の中心辺りから再び下に落ちていき、下段の出版広告のところに止まる。焦点をはっきりと合わせてみれば、いささか……いや、かなりぶっ飛んだ題名が飛び込んできた。『人は死なない』……、え、人は死なない……、いや、人は必ず死ぬだろう……。

岡山の地方紙なら、いわゆるトンデモ本といった感じの出版広告が散りばめられることは、さほど珍しくもない。だが、そのとき手にしていたのは、堅さが売りの全国紙だった。本来なら、この手の広告は出てこないはず……。そんないぶかしさ故なのか、あるいは視界の隅に引っかかるという偶然のなせる業なのか、ともかくその本が僕の意識に入り込んできたのは事実。思考の中には、「またもやトンデモない本が出たのか……やれやれ」という台詞が飛び交ってはいたのだが、どういうわけか気になってしまう。

その原因が特定できたのは、著者名にまで目がいったときだ。初めて知る名前だったのだが、しかもしばらくは漢字の読み方を間違って認識していたにもかかわらず、何故か無性に懐かしく思えた。まるで、記憶の彼方に消え去っていた竹馬の友がこうして本を出すなど元気にしていたんだと、何十年ぶりかに蘇ってきたかのような印象だ。

だが、現実には、全く知らない名前だった。

変な不思議さを振り払って、一刻も早くまともな日常生活に入っていかなければ！　そう考えた僕は、ともかくペンフィールドの本を注文するときについでに『人は死なない』も入れておくと決めることで、貼りついていた視線を著者名から無理やりはぎ取る。こうして、やっといつもの朝食時の行動パターンに戻って朝刊を読み終えた頃には、既にそんなトンデモ本の著者名のことなど頭からかき消えていた。

ペンフィールドの『脳と心の神秘』と共に『人は死なない』が僕の手元に届いたのは、実は還暦を迎えて直後の十月初旬。まさに、『空海の暗号と暗示』及び『聖櫃アークと日本民族を守った大和朝廷』と題する、やはりトンデモ本の匂いのする二冊を剣山から持ち帰ったときだ。こうして枕元には一度に四冊の新しい本が積まれ、毎夜丑三つ時までに少しずつ読み進められていく準備が整ったのだが、問題は読み始める順番だった。

本来なら、以前から読みたかった『脳と心の神秘』からのはずだったろうが、最初に手に取ってパラパラと頁をめくってみてもあまり気が乗らない。また、ちょうど古代ユダヤ民族と日本の関係についてユダヤ人著者が書いた本を何冊か読了していたのだが、そのため『聖櫃アークと日本民族を守った大和朝廷』にしてみてもいまいちピンとこなかった。というわけで結局は『空海の暗号と暗示』に落ちつくことになり、それから一週間ほどの間深夜眠りにつくまでの小一時間を使って、弘法大師についてのある意味驚くべき事実を知らされていくことになる……。

確かに、それはそうなのだが、本当を言えば真っ先に読んだのは『人は死なない』だった。書店から他の本などといっしょに午後に配送されてきたとき、包みを開いてすぐに最初の数頁を眺め、そのまま一気に最後まで斜め読みしてしまったのだ。これは僕の特技でもあるのだが、気が向いた本であれば一頁に書かれた内容を五秒以内に理解できる。従って、二百頁程度の本なら最初から最後まで二十分以内で読み取ることができるのだが、それで「読んだ」というのではあまりに高慢に映ってしまうので「斜め読み」としている。

他の人から見れば手抜きとしか思えないのだろうが、書かれている内容で意味深い重要なことはほとんど落とすことはないため、僕にとっては非常に役に立つ読み方だ。とはいえ、どんな本でもそんな都合のよい読み方ができるわけではなく、最初に手に取ったときに感じる「何か」がピンときた場合だけ。まあ、百冊中一冊か二冊の割合でしか、そうはならないのだが……。幸いにも『人は死なない』はそんな珍しい一冊であり、手に取ってから十五分ほどで「読み」終わることができた。つまりその日の深夜を待たずに一応の「読了」となったため、他の三冊と同様に積まれてはいたのだが、わざわざ寝る前にゆっくりと読む必要はなくなっていたのだ。

## 霊と魂

こうして還暦を迎えてから最初に読んだ本が『人は死なない』となったのだが、その中には僕が長年抱えていた疑問に対する明瞭な解答が用意されていた。それは「魂」と「霊」の違いについてだ。宗教や哲学、さらにはスピリチュアルブームに乗った精神世界の本の中で、著者の中には人間の本質にあるものを「魂（soul）」と呼ぶ人達がいるが、そうではなくて「霊（spirit）」とする人達も少なくはない。あるいは、同じ著者であっても「魂」と「霊」をほとんど区別せず、同意義的に適当に用いているとしか思えない人も多い。

はたして、「霊」と「魂」は同じものなのか、あるいは異なったものなのか。もし異なっているのなら、その違いを明確に浮き彫りにできる定義を与えることは可能なのか。九年ほど前にガンで死にかけただけでなく、その直後から目に見えない世界からの働きかけに見舞われ続けた僕の直感は、人間の奥底にある目に見えない世界からの存在を「魂」と言い表してきた。だが、聖母マリアやイエス・キリストにまつわる働きかけだと感じた僕自身とは異なり、キリスト教の世界では「魂」という表現は希で、ほとんど「霊」が優勢だ。

にもかかわらず、僕には絶対的な確信があった。僕自身の中にあって、目に見えない世界と繋がる人間の本性の部分が「魂」以外の何ものでもないということを……。だからこそ、これまで僕は「魂」と書き表し続けてきた。だが、そんな僕の本を読んだという人達の中には、宗教や精神世界に精通していればいるほど「霊」と書き表すべきだと告げてくる人も少なくない。確かに、トンデモ本ではないきちんとした宗教書や哲学書になればなるほど「霊」と表されていることが多いため、深い思考に頼るかぎり僕は分が悪いことになる。

多勢に無勢は明らかなのだから、ここは「寄らば大樹の陰」、「付和雷同」、あるいは「赤信号皆で渡れば怖くない」の教えに従い、僕も早々に「霊」とすべきだったのかもしれない。しかし、たとえ誰からも理解されなくなったとしても、それが「魂」であるべきことについては絶対に譲れない。周りから見れば意固地になっているように映ったかもしれないが、僕の信念は不動だった。でも……、本当のところは……、実は、すごく気にしていたのだ。「魂」と表し続けてきたのはやはり間違いで、「霊」とするべきだったのではないだろうか、と。

そんな一抹の不安を完全に消し去ってくれたのが、まさに『人は死なない』だった。そこには、「魂」と「霊」の違いについて唯一明快な答が用意されていたのだ。

「霊と魂は同じもので、単に人の身体に入っているときに魂と呼ばれ、人の身体から離れているときに霊と呼ばれる」

まさに、「目から鱗」の解答が与えられた僕は、長年思い悩んできたことをこんなに簡単にサラリと片づけてしまった本に出会えたことに大いに満足し、できれば著者に感謝の意を伝えておきたいと考えた。だが、著者は日本の最高学府に位置する大学医学部の教授であり、しかも救急医療がご専門だ。日々多くの患者さんの救急救命に、ほとんどの時間を費やす生活を送っていらっしゃることは、想像に難くない。そんな重要な仕事に携わっている方に、あなたの本を読んで感銘を受けたからといっていちいち手紙を送りつけたのでは、貴重な時間を無駄遣いさせてしまうことになる。

ここは、自分の思いなどはグッと呑み込み、あえてそっとしておくのが紳士的というもの。そう結論づけるのにさほどの時間はいらなかったのだが、理性的に考えた上での決断にもかかわらず、何故か後ろ髪を引かれるような感覚を打ち消すことができなかった。最初に著者名が目に飛び込んできたときに得た、あの不思議な懐かしさ故のことだ。もはや今生での再会はないと信じていた旧友が、こうして活躍していることを知らされた人間であれば、誰もが何らか連絡を取りたいと願うはず……。それに似た思いだった、僕の心の奥底から湧き出ていたものは。

むろん、その著者は幼友達あるいは古くからの友人でもないし、これまで在籍した様々な学校で同級生や同期生あるいはクラブの先輩後輩の中に著者と同じ名字の人間はいなかった。初めて名前を見たとき、間違った読み方をしていたくらいなのだから。しかし、だからこそ僕は戸惑っていた。名字を読めないような見ず知らずの人を、どうしてこれほどに懐かしく感じないといけないのか……と。

だが、どうしてもそれをふるい落とすことができなかった僕は、この僕もここにこうしているよということだけはどうしても相手に伝えたいと願い始めていた。先方の存在を知ったからには、せめて当方の存在も知らせておきたいと思える、そんな闇夜の大海原で灯火信号を交換する二隻の艦船の当直員にも似た気持ちかもしれない。しかも、緊急性の高い救急救命の仕事に忙殺されているはずの相手には、いっさい何も負担をかけないような形で知らせたいと思ったのだ。

こうして僕が選んだのは、半年ほど前に出したばかりの本を一冊、開封の書籍小包で送りつけるというもの。これであれば、医局の秘書の方が封筒から取り出し、おそらくは他の読者からも同様に送られてきているはずの様々な謹呈本といっしょに教授の机の上かどこかに積んでおくはず。従って忙しい著者の手を煩わせることもないし、本当に目に見えない世界からの繋がりがあるのであれば、何か意味のある偶然の結果として著者が僕の本を手に取ってくれることになる。よしんばそうはならなかったとしても、僕の本は他の本といっしょに医学部付属病院の図書室にでも運ばれ、入院患者さん達に眺めてもらえるかもしれない。

僕が今ここにいるということを忙しい教授に知ってもらうには、おそらくこれが最適解に違いない。そう確信したときには、もう開封郵便物を準備し誰でも知っている大学医学部の住所に、著者の名前を書き込んでいた。いつもなら出かけるついでのときに道すがらの郵便ポストに入れるのだが、このときは実に子供じみた行動に出る。つまり、わざわざ十五分も自転車を漕いで、市内中心部にある中央郵便局まで運んだのだ。別に速達でも書留でもなかった、単なる開封の書籍小包を。

おそらく、儀式が必要だったのだろう、あの懐かしさを開封郵便物に託すためには。そう、荘厳な教会にも似た吹き抜け天井の中央郵便局の中で祈るかのようにして、投函するという……。

それが、還暦を過ぎた僕に必要だった洗礼の儀式だったことに気づくことができたのは、もう少し先のことではあったのだが。

## 空海の知恵

自分の本を発送してしまったとたん、『人は死なない』と題した本に出会ったことも忘れて正常な思考に戻ったかのように普段の生活に戻っていけたのだが、すぐに読み始めたのは九月末には手元に届いていた『日本とユダヤ――運命の遺伝子――』と剣山の売店で買い求めた『空海の暗号と暗示』だった。そして、それから一週間ほどの間深夜眠りにつくまでの小一時間を使い、弘法大師についてのある意味驚くべき事実を知らされていくことになる……。

遣唐使として派遣された空海、後の弘法大師が真言密教を持ち帰っただけでなく、同じく唐で学んだ土木技術を用いて満濃池の改修を行ったことくらいは常識として知っていた。しかし、そこに書かれていた内容を読み進んでいくと、そんな常識などいっぺんに吹き飛ばしてしまうほどの話が目白押し。一見どれもこれも根拠のない奇想天外なトンデモ説に映るのだろうが、どういうわけかこの僕にとっては腑に落ちるものばかりだった。

その中でも、いわゆる稲荷神社にことごとく白い狐を持ち込ませた話や、四国八十八ヶ所の寺と巡礼路を制定して四国を訪れる人々の目から剣山の存在を隠したという解釈には、歴史に全く興味のない僕でさえ大きな驚愕とともに納得できた。どちらも背後には、中国で景教と呼ばれるキリスト教を庇護するようになっただけでなく、自身は古代イスラエル民族の血筋を引く唐の皇帝が日本のどこかに聖櫃アークがあるという伝聞に興味を持ったという事実がある。唐の大軍がアークを求めて攻め込んできたとしても、その矛先が剣山に向かわないように周到な情報操作を朝廷から依頼されたのが空海だったという。

むろん、結局はそんなことで唐が我が国に侵攻してくることはなかったのだが、それでも空海の知恵によって生み出された「四国遍路を歩けば四国のすべてを見聞できる」や「稲荷神社は単に狛犬が狐になった神社」という「常識」は現代にまで連綿と受け継がれている。そして、これらの常識は意図的に作られたもので、実は正しくないというのだ。前者については確かに八十八ヶ所巡りをすればはっきりすることだが、では後者についてはいったいどういうことなのだろうか?

既に九月中頃から手に入れて読んでいたユダヤ教のアメリカ人神官(ラビ)の著書等にも明記されていたのだが、日本の神道とユダヤ教の間には非常に強い共通性・類似性があり、紀元前に中近東からインドや中国を経由して渡来した古代イスラエル民族が伝えたユダヤ教が我が国に定着したものが神道に他ならないという。神主の装束から神社の建立のしかた、さらには神社での様々な作法に至るまでシナゴーグと呼ばれるユダヤ教の教会やラビの作法と酷似しているのだ。つまり、各地にある神社は、当初ユダヤ教の教会として機能していたと考えられている。

そして紀元四十年頃には、イエス・キリストの弟子達が当時ユーラシア大陸に散らばって存在していたユダヤ人入植社会へと宣教を行った結果、各地のユダヤ人の中にキリスト教に入信する者が増えていった。そこではユダヤ教が捨て去られたというわけではなく、救世主(キリスト)であるイエスの教えによりユダヤ教の完成したものがキリスト教だという理解の下で、古くからのユダヤ教にも帰依したままの者がほとんどだったという。

中央アジアで中国では「弓月」と呼ばれていた地域に入植していた古代イスラエル民族が日本に渡

来したのは四世紀後半のようだが、中国から見れば「逃亡者」だったために漢語で逃亡者を表わす「秦人」と呼ばれていた。そのため、日本ではこの渡来民族のことを「秦氏」と呼んでいた。

秦氏は自分達の出身地「弓月」のことを「ヤマト」と呼んでいたのだが、その意味は古代ヘブライ語で「神の民」となる。また、秦氏が遷都しようとした京都太秦の音「ウズマサ」は、イエス・キリストが実際に話していたとされるアラム語で「イエスキリスト」を意味するという。つまり、秦氏はユダヤ人キリスト教徒として渡来し、既に神道として日本に根を下ろしていたユダヤ教の教会を神社として整備しただけでなく、自分達がイエス・キリストを賛美するキリスト教の教会として「八幡《はちまん》神社」と「稲荷《いなり》神社」を各地に建立していったのだ。

実は、「八幡」は「ヤハタ」とも読むが、古代ヘブライ語でもアラム語でも「ヤーハタ」は「秦氏の神」を表し、従って「八幡神社」は「秦氏の神を奉る神社」即ち「キリストを奉る教会」となる。

では、「稲荷神社」は何故キリスト教の教会となるのかというと、アルファベットで記した「INARI」が重要な鍵となるのだ。キリスト教カトリックの信者や神父さん達が持つ十字架の中には、磔になったイエスの像のついたものがあるが、その多くは十字架の最上部に「INRI」と書かれている。初期のアルファベットには「J」の文字がなく、今日「J」が用いられている単語では古い時代に「I」だったものがほとんどだったという。つまり、「I」も「J」も同じだと考えてよいらしい。

で、「INRI」は何かというと、「ナザレのイエス、イスラエルの王」という意味のラテン語の頭文字。特に「N」はナザレ（Nazareth）の頭文字であるが、「INRI」では「インリ」という発音の中に「ナザレ」

を連想させる因子がなくなってしまうため、ナザレの頭文字としては本来は「NA」を用いたとすれば「INRI」は「INARI」となる。すると、「イナリ」という発音は「ナザレのイエス、イスラエルの王」の短縮形となり、「イナリ神社」もやはりキリスト教の教会と考えられるのだ。

そして、「八幡神社」はともかく、「稲荷神社」が「イナリ」という発音と結びつくかぎり、それが渡来したユダヤ人キリスト教徒を連想させる危険性があると考えた空海が、全国の稲荷神社に白狐の像を設置することで「稲荷神社は単に狛犬が狐になった神社」というイメージを作り出したという。単なる動物を偶像崇拝した土着原始信仰として、日本におけるキリスト教の存在を隠してしまったわけだ。

いやはや、こんなところにまで空海の知恵が及んでいたとは……歴史にも宗教にも無関心を貫いてきた僕だったのだが、こういう形で知ることになった弘法大師の偉業の数々に圧倒されながら、古代に渡来したというイスラエル民族の魂がこの日本にまで及んでいるという事実を静かに、しかしとても重く受け止め始めていた。

それにしても娘夫婦と剣山をかすめてからまだたった一ヶ月程度しか経っていないというのに、その間の目まぐるしいまでの情報洪水ときたら、それまでの六十年間の無為な月日を嘲り笑うかのようだ。還暦を迎えるということの意味は、これほどまでに大きく深いものだったのだろうか……。

## 溢れる涙

既に記憶の彼方へと消えていた一週間前に中央郵便局に出かけたなどという些細な事象を思い出すことになったのは、大学に届いた一通の青い封筒を事務室の郵便ボックスから取り出したときだった。封筒の下に記されていた差出人の名前と住所を見ると、あの『人は死なない』の著者であることは一目瞭然。ということは、先週僕が開封郵便で送った本が少なくとも先方にちゃんと届いたということか。

まあどこの研究室や図書館でもやるように、何らかの書籍を謹呈されたからにはお定まりの礼状というやつを送っておかなくてはいけない。ご多分に漏れず、何故か僕が異様な懐かしさを感じた著者の場合も、おそらくは秘書の女性か医局の助手かがルーチンワークとして機械的に礼状を打ち出して送ってきたのだろう……。そんなことを考えながら、他の郵便物や学内書類といっしょにして自分の研究室まで戻ってきた。

机の前に立ったままでその明るい空色の封筒を開けてみると、中には一枚ものの手紙がきれいに折り畳まれていた。その畳まれた手紙を指でつまんで封筒から取り出し、開いた瞬間。そう、まさに折り目を開いたその瞬間のことだから、当然ながらまだその紙の表面にどんな文字がどのように記されていたかなどわかるわけもない。ましてや、手紙の文面の一部が目に入ったりすることもないわけで、内容については想像することもできなかった。

だが、単に僕が手紙の用紙を開いたその瞬間、両方の眼から大量の涙が溢れ出てきた。まるで、ホースの先から水がほとばしるかのように。それだけでは、ない。還暦を過ぎたばかりのくたびれた男が、よりにもよって昼日中から嗚咽とともに泣きじゃくったのだ、一枚の紙を手にしたままで。

いったいどこにこれほどの涙が貯められていたのかといぶかしく思えると同時に落ち着きを取り戻したのは、既に三十分近くが経過したときだった。こんな泣き顔では部屋の外にも出られないと考え、すぐに研究室の洗面台で顔を洗った直後、どういうわけかとても清々しい気分に浸っている自分を見つける。ともかく、泣いている間に学生達や同僚等が訪ねてこなかったのだけはよかったと思えた頃には、充血した眼もかなり乾いてきたようだ。

それにしても、不可思議きわまりない話だ。まあ、手紙を読みながら、その文面に心を打たれて涙ぐむ……というのなら理解はできる。しかし、そのときの僕は、まだたった一文字すら手紙を読めてはいなかったのだ。なのにいったい何故、あれほどに泣きはらしてしまったのか⁉

放心状態も解け、やっと落ち着きを取り戻した僕は再びその一枚の手紙を手に取る。そして、最初に書かれていた文字から順番に、ゆっくりと一文字一文字確かめるようにして読み進んでいった。最後までたどり着く頃にはやはり眼を覆う熱い液体で視界が歪んでき始めたのだが、それでも何とか全文を読み取ることができたと同時に、僕は初めて椅子に身体を休めてボンヤリと空中を見つめていた。

六十年間の人生の中で、これほどまでに誠実で暖かく清々しい手紙を受け取ったことはなかった……その事実の前に魂までもが解き放たれたかのように。

しかし、本来ならばあり得ないことではあった。俗世間的には、十分に奇跡的だと認められるほどに。何故なら、多忙をきわめる東大医学部救急医療の教授職にある方が、見知らぬ人間から送り状もなく開封郵便で送りつけられてきた訳のわからぬ本をすぐに、しかも細かいところまで読んでくれたのだから。その上、細やかで好意的な読後感想を散りばめた手紙を、こうして間髪を入れず送ってきて下さる。

田舎女子大の教授などという世間一般に比べれば閑職のようなのんきな立場にある僕であっても、年に何冊かは存じ上げない著者の方々から献本を送っていただくことはあるし、多くの場合は丁寧なお手紙も添えられている。だが、自慢でもないし開き直っているわけでもないのだが、これまでそんな献本の送り主に対して感謝の手紙を送ったことはない。むろん、心の中ではせめて何か受け取り状のような葉書でも出しておかねばと思うには思うのだが、結局はさほど忙しいわけでもないのにずるずると放置したまま日が経ってしまい、いつしか忘れてしまったことにしてしまう……。

暇を持て余すことの多いこの僕ですらこういう不義理を平然と続けてきているというのに、その医学部教授は忙殺されているはずの時間を工面してまで、どこの馬の骨かわからないような人間が書いたという本をきちんと読んだ上で心からの感想を入れ込んだ手紙をすぐに送って下さったのだ。本当に頭が下がる思いだったし、それに比して送り状すら入れずに単に本だけを開封郵便で送りつけた己の安直きわまりない行動に大いに恥じ入っていたのも事実。まさに、穴があったら入りたいとは、そのときの僕の気分そのものを見事に言い表している。

己の至らなさを悔やんでいたため他に何も覚えていなかったのだろうか、気がつくと自宅の仕事部屋でその手紙を握りしめていた。一刻も早く情けない自分に別れを告げたかった僕は、ともかく相手に非礼を詫びる手段を講じたいと思い、様々に心を巡らせていたのだ。手紙にはわざわざ先方の名刺までもが添えられていたため、医学部の電子メールアドレスはすぐにわかった。従って、その場ですぐにメールを打つのが最も早い解決策だということも、重々承知。だが、奥底から湧き出る思いが、誠意ある手紙には同様の手紙でしか応えられないと叫び続ける。

こうして、ついぞしたためたことのなかった手紙というものに挑戦するという苦行に自分を追い込んでいったのだが、パソコンの電源を入れていざキーボードに指が触れる段になったとたん……。再び大量の熱き液体で歪み始めた視界の中で、空白の画面に点滅するカーソルですら嗚咽の向こうに消え去っていく。いったい、こんなタイミングでどうしてこれほどまでに泣けてしまうのか!?

まだ見ぬ相手に初めての文を出そうとしているだけだというのに、まるで何十年ぶりかに所在のわかった友に昔年の想いを綴ろうとしているかのように心が熱くなるのは、何故なのだろう……。

謎を謎のままにしておける程度に落ち着いたところで、一瞬の間だけどのようなことを書き進めばよいか迷ってはみたのだが、結局は僕が本を送りつけた経緯を包み隠さずありのままに伝えるのが一番だと悟った。そう、新聞の出版広告にあった著者名を見たとき、不思議な懐かしさを感じたことに始まる還暦直前の小さな物語を。そして、死にかけて以来ずっと頭の片隅に引っかかっていた疑問、霊と魂の違いについて明快な答をいただけたことへの感謝の気持ちも。

意外にも、一枚の自分に素直な手紙が十五分ほどで打ち上がった。読み直すなどしていたら、まっとうな思考が投函を断念させる。そう直感した僕は、そのまま折り畳んで封筒に入れ込む。切手を貼った直後、既にその日の集配時間を過ぎていたことは明らかだったのだが、近所にある郵便ポストまで歩いて投函。翌朝まで手元に置いていたのでは、気が変わってしまうかもしれない。まるで、自分自身がそう警戒したかのようだった。

## エクソシスト再び

翌朝、案の定悔やみ始めていた僕が目覚めたとき、この六十年間の人生で唯一学んだ自己防衛手段が行使された。柄にもなくすぐにあのような手紙を出したという忌まわしい事実を記憶から消し去るという……。

その結果、顔を洗う頃には『人は死なない』という本にまつわる話など既に遠い過去の些細な出来事の一つに押しやられ、少なくとも日常からはきれいに消え去っていった。それを助けてくれたのは、直後の数日間に相次いでかかってきた非日常的な二つの電話。

一つ目は半年ぶりにお声を聞くことになった、あの宝塚のカトリック伝道師の方からだ。そう、もう二十年以上も前に三原の隠遁者様について僕に語って下さった……。詳細は拙著『合気開眼』でご紹介したとおりだが、その後も折に触れて様々な助言をいただいている。そのときもまた、これからの僕に必要になるはずだから……という出だしだった。

いつものように、受話器の向こうの真意を漏らすまいと注意深く聞いていると、確かに典型的な非日常用語が飛び出してくる。驚いた僕は、鸚鵡返しに確認した。

「エクソシスト、つまり除霊者ですか!」

四十年ほど前に封切りされたハリウッド映画『エクソシスト』のおかげで、一般にも知られるようになったキリスト教の除霊者だが、その存在はほとんど闇の中だ。幸いにも、この僕は封切り直後に映画は観ていなかったのだが、ジュネーブの国連欧州本部の食堂でカトリック司祭からエクソシストの実体を個人的に聞く機会に恵まれてはいた。だからこそ、よけいに面食らったのかもしれない。これからの僕に必要なのが、エクソシストとしての知識だなどと告げられたときに。

そして、最もありのままにエクソシストの活動をとらえ、その姿を描き出した実録小説『ザ・ライト――エクソシストの真実――』(マット・バグリオ著=小学館文庫)を読んで備えておくべきだとも。

「備える……!?　いったい何に？」

自問しているうちに別の話題に進んだ伝道師からは、当然ながら真意を聞き出すことができなかった僕は、翌日には書店で文庫本を買い求めていた。一刻も早く答を見つけたかったのだ。

思えばその昔、三原の隠遁者様がキリストの活人術を授けて下さったときにも、あくまでそれは将来必要となったときのための備えとしてだった。しかも、それは知識とか技法などといった思考をとおして身につけるというのではなく、僕自身でさえ認識することができなかった二時間ものミッシングタイムの中で無意識の中に植え付けられるという形で。そして、それが実際に必要となったのは、ペンネームで公開した僕の神秘体験にもあるように（佐川邦夫著『魂のかけら――ある物理学者の神秘体験――』春風社）、ルルドの洞窟の奥で悪魔と対峙したときだった。

エクソシストに任命された神父が執り行うのは、いわゆる悪魔祓いの儀式。そのため、悪魔そのものについても普通の神父が知り得ないようなことまで、バチカンの養成課程で徹底的に教え込まれているという。相手を完全に理解しておかない限り、戦いに勝つことはとうてい望めないからだ。

では、この僕にとって今後に必要となってくるのが、そのような知識ということになるのだろうか!?

しかし、いったい何故に？　天使長ミカエルと聖母マリアに守られて事なきを得たあの霙降るルルドの夜、尻尾を巻いて逃げたはずの悪魔が再び挑んでくるというのか、この僕に……。

まさか。

そんな不安を払拭するために、僕は文庫本になっていた『ザ・ライト』の訳本に急いで目を透した……本来なら「目を通した」と書くのだろうが、行間をも読み取るほどに入り込んだ読み方だったのであえてこう記す。だが、意外にも内容には不満が残った。何故なら、いつになく真剣に読み進んでいったにもかかわらず、どこにも僕が国連欧州本部でカトリック司祭から個人的に聞いたエクソシストの真の姿が描かれていなかったからだ。

まさに肩すかしを喰らったかに感じた僕の気持ちはエクソシストや悪魔祓いなどから完全に離れ、再び日常の心地よい喧噪の中に身を沈めていく。カトリック伝道師の忠告すら忘れ去るという形で。

## ある物理学者の苦悩

こうして最初の非日常的な電話の影響を強引に封じ込めた数日後の木曜日、第二の電話が僕の魂を揺さぶってくる。それは僕の専門分野では世界的に知られた大先輩にもかかわらず、様々な場面で無名の後輩にも声をかけて下さっていた物理学者の秘書の女性からだった。いつものようにわりと甲高い声ではあるが、何となく明るさに欠ける雰囲気を聞き取った僕は、軽口の挨拶をはしょってすぐに用件を引き出す。

「えーっ！」

そうなったまま二の句が継げなかった僕の鼓膜に、ずっしりと重い言葉の機関銃弾が降り注ぐ裏で、なるほどだから半年以上も連絡がなかったのかと納得している自分がいた。転移したガンと戦う中で主要な内臓の幾つかを失ってしまい、体重も文字どおり半減した物理学者はそれでも必死で生き延びようとしている。これまでの人生の集大成となる研究施設が一年後に完成するというのだから、ここで自ら終止符を打つわけにはいかない。そんな最後の気力だけが、彼自身を支えてきたかのようだ。

だが、病魔は容赦などしない。残ったわずかの健常な臓器にさえ、転移という名の無差別攻撃を仕掛けてくる。既に医師でさえ白旗を掲げての無条件降伏、つまり自宅療養しながら穏やかに時を待つことを勧めていたのだから、今さら応戦してもしかたがない。だが、研究の完成を待たずにこの世を去ることだけは絶対に受け入れられない物理学者は、自ら自宅近くにあった別の病院での抗ガン剤治療に志願した。強い副作用でこれ以上に身体を叩くことの危険性は、家族や同僚など身近な人々のほうが切実に感じてはいたのだが……。

翌週の火曜日から通院での抗ガン剤投与が始まることに大きな不安を抱いていた奥様が、何とか本人に抗ガン剤をあきらめさせたいので手伝ってくれと秘書に相談したとき、そういえば後輩の物理学者が抗ガン剤も放射線治療も拒否して聖母マリアの聖地を巡礼してガンを治していたはず……と伝えたとか。その結果、その物理学者の気持ちを変えて抗ガン剤を拒否するように、僕に何とか本人を説得してほしいということになった。

「この僕が……、説得ですか……」

再び二の句が継げず固まっていた電話の向こう側で、段々と小声になってきた秘書嬢が大変申し訳なさそうに伝えてきたのは、要するにそういうことだったのだ。

「うーん……」

正直なところ、うなるしか他に何も発声できなかった。僕などがいくら説得したところで、とうてい無理に決まっている。何せ、相手はご自身の研究完遂に対する執念の固まりの如き、ある意味で鬼のようなプロの物理学者だ。それが、たとえ身体がボロボロに朽ち果てることになろうと、研究成就までの時間をわずかでも稼げる手段にすがろうとしているのだから……。

しかし、奥様と秘書嬢のご心配も痛いほどに伝わってくる。おまけに、本来ならばこの僕にこれまでたびたび声をかけてきていただけたということ自体があり得ないことであり、その意味ではこの物理学者のご厚情には感謝してもしきれないと思ってもいる。できるものなら、何とかしてさしあげたい。だが、自分では明らかに役不足なのだ。ここは、正直に話して他に適任者を探していただくのが、まっとうな人間のすることに違いない。

ところが、本当ならば自分ではどうにもならないと痛いほどわかっているにもかかわらず、頼まれたら嫌と言えず誰の目にも自滅覚悟の無鉄砲な行動に突き進むということを繰り返してきた僕は、ここでもまた性懲りもなく安請け合いをしてしまう。いや、冷静な意識の中では僕などが出張ってみても意味がないと考えてはいるのだが、その意識が操って声帯を震わせる段になると、どういうわけか口を衝いて出てくるのは正反対の言葉になってしまうと表現するほうが正確かもしれない。

このときが、まさにそうだった。

「わかりました、ちょうど今度の日曜日に東京に行きますから、翌日の月曜日にそちらにうかがって説得してみましょう。そうすれば、火曜日の抗ガン剤投与のタイミングにぎりぎり間に合いますから」

まるで、説得に百パーセントの自信があるかのような台詞ではないか！　そう、あきれかえって聞いていたのも、やはりこの僕自身なのだ。

時、既に遅し。電話口では、急に明るくなった秘書嬢が甲高い声を響かせている。

こうして、勝算がないどころか、むしろ先方に無駄な労力と時間の浪費を強いるという多大な迷惑をかけてしまうことは明白だったにもかかわらず、ともかく東京道場での稽古の翌日に先方を訪ねることになった。背負い込んだ大役の重さに気づいていなかった僕は、半年前に意を決して東京に道場を開いて月に二回のペースで稽古のために上京するようにしたのは、ひょっとして今回この物理学者を助けるためだったのではないかとさえ考え始めてもいた。生来の無鉄砲者に備わった、能天気さ故のことだったのだろうが……。

それでも、やはり責任の重さに押しつぶされそうになる日々を送ったのだろうが、ここでもまた神様の予定調和に助けられることになる。

やはり。

## 予見できた電話

翌日は金曜日で、朝から授業の連続。そのおかげで、前日の電話で背負いきれるはずもない重大任務を安請け合いしたことなど、気に病む暇もなかった。最後の授業を終えて夕方の六時過ぎに研究室に戻ってみたら、ドアに何やら紙片がピン留めされていた。見れば、確かに大学の事務室からの伝言メモのようで、授業中に学外から僕に入った電話を受付担当者が受けてくれた内容が記されていたようだ。

いったい誰がこの僕にわざわざ伝言を残すような珍しいことをしたのかと、メモ用紙に書かれた発信者の名前を射した視線は、しばらくの間そこに釘付けされてしまった。何故なら、あの異様に懐かしく感じた著者名が、確かにはっきりと記されていたのだ。もう遙か遠い昔のような気がしたのだが、考えてみればつい数日前に手紙を出したばかりの相手ではある。

そして、伝言内容の欄には「ご連絡願います」というメッセージに次いで、三ヶ所の電話番号がある。しかも、明らかな携帯電話の番号までも。ということは、この伝言メモを見たならすぐに携帯に電話をほしいということか……。しかしまた、この僕にどんな用件があるというのだろうか？　ひょっとして、こちらからお送りした手紙に何か落ち度があったのか⁉

まだ会ったこともない、手紙を一度やり取りしただけの相手。しかも最高学府のトップに位置する医学部の教授ときたら、この僕の場合おいそれとは電話をかける気分にはならないはずなのだが、このときは違った。まるで旧知の懐かしい相手に電話するかのように、話の出だしをどうするかなど何も考えずひたすらメモどおりに携帯電話の番号キーを押していく。

当然ながら、呼び出し音が鳴っている間もあれこれと気を回すこともなく、ただ淡々と相手の応答を冷静に待っていることができた。こうして初めて言葉を交わす機会を得たのだが、どうも先方は雑踏の中を足早に移動中のような雰囲気。迷惑になってはいけないと思ったときには、先方からきわめて丁寧な物言いでの釈明があり、ちょうど移動中なので折り入っての話ができないとのこと。ついては、近いうちに今繋がっているこの僕の携帯番号に電話をかけてよいだろうかと問われる。

もちろんいつでもどうぞと答えた瞬間、その日が金曜日ということは明日と明後日は土日で道場に出ているため、稽古中に電話をもらっても出ることができないと気づく。すぐにその由を伝えるが、「いや、繋がるときには繋がりますから、気にしないで適当にかけますのでご心配なく」という、とても大らかな言葉が返ってきた。直後、簡単だが誠実さがにじみ出た挨拶を耳にした僕は、いささか滑稽ではあるが他に誰もいない研究室の中で携帯電話を耳に当てたままお辞儀を繰り返しながら通話を終える。

これまでも何人かの医学部教授という人達に会ったことはあるが、ここまで権威と無縁の低姿勢を自然に貫ける人がいたのだということにさわやかな驚きを覚えたまま、僕はしばし宙を見つめていた。結局は、わざわざ先方から午後に電話をかけてきた用件については何もわからずじまいだったのだが、そんなことなどもうどうでもよかったのだ。つい一ヶ月ほど前に新聞の出版広告で見つけたばかりの、あの異様に懐かしく感じた名前の著者と、何故かこうして電話までできたのだから。

その日の記憶は、そこで終わっている。おそらくは、いつもの金曜日の夜と何ら変わることなく時間が経っていったに違いないのだが、どういうわけか何も思い出すことができない。その理由は、翌朝の不思議な出来事の印象が強すぎたことによるのだろうが……。

そう、いつになく早くすっきりと目覚めた直後に訪れた、あの絶対的確信のことだ。

毎週土曜日は、午後一時から大学合気道部の稽古があり、三時からは野山道場の稽古がある。そのため、土曜の朝はたいてい十時半までは寝ていて、十一時頃に昼食兼用の軽い朝食を取ってから出かけるのが日課だ。そんなに遅くまで寝ているのかとあきれられてしまうかもしれないが、実は毎晩深夜の二時を回ってからでなくては寝ないことにしているため、どちらかといえば寝不足気味。それを、土曜と日曜の朝寝坊で取り戻すわけだ。

ところが、その翌日の土曜日には十時半の目覚ましアラームを待たず、九時にはすっきりと目が開いてしまった。時計を見てまだ一時間以上眠れると思った僕は、そのまま目を閉じて夢の世界に戻ろうとして、思考を捨てて睡魔を呼ぼうとしていた。そして、時計の針が九時二十六分を指した瞬間、頭の中を「あ、電話がかかっている」という百パーセントの確信が走り回り始めた。

むろん、どこかから電話の呼び出し音が聞こえたわけではない。

とっさに携帯電話を手元に引いてみたが、昨夜は電源を切って寝たらしく全く機能しない状態だった。すぐに電源を入れてみると、しばらくして局からのショートメールが届く。その内容を見た僕の視線は、「どこそこの局番からいついつに着信あり」という単純な機械的文面の中の「いついつ」のところに釘付けとなった。何故なら、その着信時間は確かに九時二十六分だったのだから！

発信番号を見ると、それは全く見当もつかない初めての番号だったし、ひょっとしてと思い取り出した前日の伝号メモに記された三種類の電話番号とも異なっていた。だが、局番が03で始まることから東京都区内の固定電話であることは、すぐに見て取れる。

そのとき、やはりどこからともなく絶対的な確信が湧いてきたのだが、それはこの知らない番号が前日に電話を下さった医学部教授のご自宅の電話番号に違いないというもの。伝言にあった携帯電話以外の二ケ所の都区内固定電話番号はおそらく医学部の教授研究室と附属病院の医局の番号のはずだから、この初めての番号はご自宅の固定電話としか考えられない！

そんな直感に素直に反応した指は、僕自身まだ何も冷静に考えていないにもかかわらず、すぐに携帯電話を操作してその番号を呼び出してしまう。たった一回の呼び出し音の後、昨夜と同じ声であの懐かしい名前が読み上げられたのは九時半になったばかりのときだった。

後日教わったことなのだが、このときの固定電話番号がご自宅の番号という予想は外れていて、本当は附属病院内で連絡用に持ち歩く院内専用ＰＨＳの番号だった。確かに、このような理性的な論理思考による推測は外れることも多いし、事実このときもそうだった。ところが、何の理由も根拠もなく、ただただ今この瞬間に電話がかかってきているという直感のほうは、こうしてその正しさが示されたことになる。

そんな不可思議さを漂わせた電話ならば、当然ながらその内容もまたそれ相応。数日前に遅ればせながら差し上げた手紙で伝えた、初めて見る名前から受けた異様な懐かしさについて、その懐かしき名前の主はさらに禁断のベールを剥いでいく。何と、手紙を書いたこの僕とはまるで今生に生まれてくる直前にあの世で互いに示し合わせたかのようだと感じたとまで、電話口で語っていくのだ。

それを聞いたとき、ストンと腑に落ちるものがあった。なるほど、だからこそ会ったこともない人の名前を見たときでさえも、あれほどの懐かしさが湧き出てきたのか……と。せっかく何かを誓い合ったはずだったにもかかわらず、今生で全く巡り会えぬままに六十年の月日が流れてしまっていた。そんな絶望感を秘めていた僕の魂が、あの日の新聞広告に載っていた名前の背後に漂う魂の友を理屈抜きで見出していたのか!

僕は、すべてを理解した。そう、九年前に死にかけたときに信者でもないこの僕に畳みかけるようにして訪れた聖母マリアの救いの数々を、四年ほど前に佐川邦夫というペンネームで『魂のかけら――ある物理学者の神秘体験――』(春風社)と題して公表したときのこと。原稿を書き進む中で、何故か肝心の節々で「友よ、」という呼びかけから文章が湧いてきた。溢れる、熱き涙と共に。そして、わずか一ヶ月で書き上げた原稿の最後は、このように結ばれていた。

＊＊＊

友よ、僕は約束しよう。この先、君と同じく、永遠に天使たちと共に歩んでいく、と。だから、どうか、憶えていて欲しい。暗黒の砂漠に一人取り残され、たとえ赤黒い視線に射抜かれてしまったとしても、君の後ろには必ずこの僕がいることを。天使長ミカエルと共に……。友よ、しばしの別れだ。

今こそ、はっきりとわかった。あの呼びかけの相手は、この瞬間に電話の向こうに確かに存在している魂だったということが！

そう、生まれ出てくる間際この僕の魂が目に見えない世界でこう告げていた魂と、今生やっと巡り会うことができたのだ。六十年ぶりに。

その魂を宿した相手の声に遠い懐かしさを感じ始めていた僕だったが、電話での話が進むにしたがって東京の方角に向かって段々と頭を垂れるようになる。本当にありがたいと思えるご配慮をいただけたからだったのだが、その概略はこうだ。

＊＊＊

緊急手術で見つかった大腸ガンが、ルルドとファティマでの奇跡でこれまで転移も再発もしてこなかったという点は認める。だが、それからもう八年以上も経ってしまっているわけだから、そろそろ一度身体をきちんと診させていただきたい。その上で、再発等があればそれを処置すればよいし、なければ何の憂いもなく今生の使命を全うするために心おきなく動いていただけるはず……。

実は、その数ヶ月前から右腹部の内側がチクチクと引っ張る感覚があったため、自分でもあまりよくない事態を心配していた。まさにそんなタイミングでの診察治療の提案があった上に、その提案者はまさに日本の医学会最高峰に位置する大学医学部の教授なのだ。内心天にも昇る思いで喜んだ僕に異存があろうはずもなく、受話器を耳にあてたまま平身低頭でお願いした。本当にありがたいことだと、神に感謝しながら。

するると、電話の主は
「わかりました、そうさせていただきます。ありがとうございます。これで安心して残りの人生を本来のお役目のために費やしていただけます」

とまで語ったのだが、直後
「ところで、診させていただくのは私ではなく、私が最も信頼している広島にいらっしゃる先生です。よろしいでしょうか？」

と聞いてくる。

電話口の真摯な医師が最も尊敬する先生ということならなおさらありがたいことだし、わざわざ東京まで出かけていくことになると思っていた僕にとっては、隣の広島で事足りるという事実はさらに好都合。当然ながら、「もちろん、よろしくお願いいたします」と最敬礼。

それを受けた相手は、では今後三ヶ月の間で予定が空いている土曜日か日曜日をリストアップしてメールで送るようにと伝えてきたので、一両日中に必ず送ると応えたのだが、聞けばその広島の先生は毎週末にしか診て下さらないとのこと。土日しか働かないとは、少し変わった人だなと思い始めたとき、受話器の向こうからトーンが少し変わった声で問いかけられた。

「立ち入ったことをお聞きしますが、いわゆるスピリチュアルな治療とかはお嫌いでしょうか?」

いったい何を聞かれたのか、一瞬自分の頭の中が真っ白になった感覚があったため、僕は鸚鵡返しに単語だけ口走っていた。

「スピリチュアル……ですか……」

それを否定的な反応と受け取り始めたのか、電話の相手は慎重に言葉を選んでいく。

「はい、いわゆる代替医療というか、民間療法などとも位置づけられるものの中で……、私がご紹介したい先生というのが、実は医者ではなくて……」

それを遮るかのように、やっと相手の真意がつかめた僕は突然素っ頓狂な声を上げて答えてしまう。

「あー、要するに不思議な能力をお持ちで、医学的には理解できないような治療をなさるわけですね。はい、それでしたら昔から興味があったというか、どちらかといえば大好きなほうでしょうか」

先方も、この僕がそういうものを端から拒絶してしまう人間でなかったことに大いに安堵して下さったようで、はっきりとした声で電話を締めくくって下さった。

「それではメールでご都合のよい土日の日程をお送りいただいた時点で、その中から広島の先生と私の予定が空いている日を選ばせていただきます。ご了承いただきありがとうございました」

いやいや、礼を告げなければならないのはこちらのほうだと思っていた僕は、携帯電話に向かって深々と頭を下げながら感謝の言葉を連発し、通話終了のボタンをすこぶる丁寧に押していった。そして、まるで夢遊病者になったかのような僕はそのままパソコンを立ち上げ、十一月から翌年の二月までの間の空いている週末日程をすべて書き出して先方のメールアドレスに送ったのだ。

# 悪魔の爪痕

翌日、いつもより三時間遅い十時過ぎの新幹線に乗った僕は、東京道場の稽古へと向かった。会場の都合で、その日は夕方の時間帯になっていたのだ。そのため、以前から夜は東京に泊まる予定にしていたのだが、むしろそのおかげで次の日の月曜日に末期ガンの物理学者を説得に行く機会が生まれていたのも事実。抗ガン剤投与は火曜日からの予定だったわけで、前日の月曜日しか残されてはいなかったのだ、抗ガン剤治療を受けないという選択肢を提示するためには。

稽古後にはいつも何人かの門人達と軽く飲んでから帰るのだが、その日は東京泊ということもあって酒量が増えてしまった。同じ方向に帰る数人の門人と地下鉄に乗り、宿にたどり着いたのが十一時頃。これから風呂に入ったのでは他の部屋に迷惑になると思い、すべてを翌朝のシャワーに託しすぐに横になったとたん、睡魔が襲ってきた。

カーテンの隙間から射し込んできた朝日のおかげで七時前に目が覚めたとき、左頬に何かが突っ張る違和感があった。だんだんと意識がはっきりしてくるにしたがい、違和感はかなりヒリヒリとした痛みに変わり、驚いた僕の手が反射的に頬に触れる。指先でなぞった雰囲気では、何やらすじ状の細長い突起があって、触るとよけい痛い。

跳び起きた僕は、急いで洗面台の鏡を覗き込んだのだが、そこにあったのは何と鋭いカミソリの刃で皮膚の表面だけを三センチほど切ったような傷が三本。ほぼ平行に延びていたため、まるで小動物の尖った爪で引っかかれたかのようだ。不可解な傷を眺めていた僕の脳裏を、ふとエクソシストについての記述がかすめ、その直後今度は鏡の中の顔が驚愕に歪んでくる。今のこの僕に必要となるものが、悪魔祓いを執り行うエクソシストについての正しい知識だという、あのカトリック伝道師の忠告が蘇ってくるとともに。

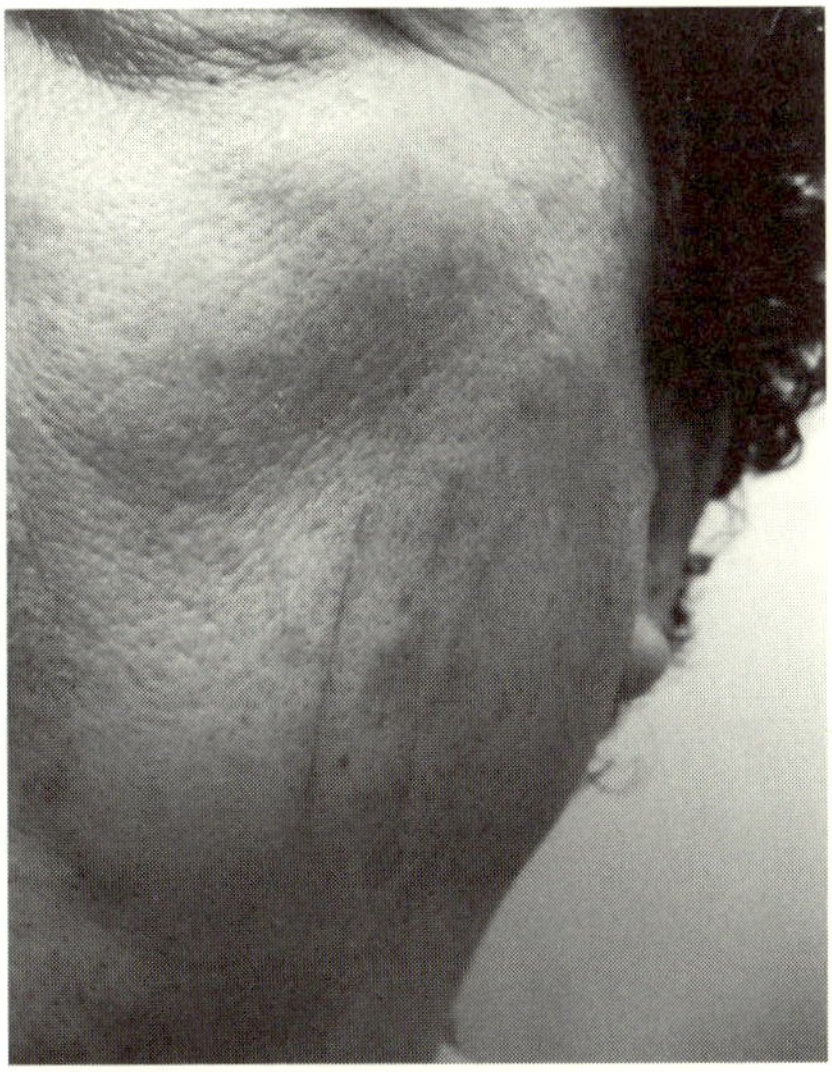

コウモリの爪痕

それは、エクソシストの儀式によって悪魔が追い払われる最後の瞬間、悪魔はイタチの最後っ屁よろしく悔し紛れにエクソシストの身体の表面に鋭い引っかき傷を残していくというものだ。しかも、多くの場合はコウモリの爪で擦られたような大きさの複数の平行線となっているため、「コウモリの爪痕」と呼ばれているとか。

「うーん、どう見てもコウモリの爪痕だ……」

うなりながらそう思った僕は、しかしエクソシストでもなく、ましてや悪魔を祓ったわけでもないのにいったい何故にそんなものが左頬に現れてしまったのか大いに狼狽えていた。だが、鏡の中に写された異界から一刻も早く逃げ出さなくてはという常識が生み出した思考が己の意識を蘇らせたのか、次の瞬間には昨夜自分で決めた予定に従って手早くシャワーを浴びておかなくてはという考えが前面に出てくる。

そう、本日この日の目的は内臓各部をガンに侵されてきたあの物理学者を説き伏せ、明日に迫っている更なる抗ガン剤治療を受けないことを願っているご家族のお力になることだった。そのために、わざわざ奥様までもが僕の到着時間に合わせて研究所に出てきて下さる手はずになっていたのだ。絶対に遅れるわけにはいかない。

午前中はぐずぐずダラダラとしている毎日からは想像もつかないのだが、使命感のおかげなのかそのときからの僕は実にテキパキと動き始め、気がついたら乗り込んだ私鉄の快速電車が予定どおりの時刻に動き始めた。

まだ数回程度しか利用したことがない路線だったこともあり、座って車窓の風景を楽しむ余裕も出てきた頃、携帯電話が振動してメールの到着を知らせる。開いてみると、一昨日に送った今後の空き週末日程の中から、例の医学部教授と広島の先生のお二人ともが大丈夫な日時として十一月十二日の午前九時までに現地に来てほしいとの内容。

それだけでは、ない。現地にその時間に行くための岡山からの新幹線と広島からの在来線の細かな運行時間に加え、在来線の下車駅で拾うタクシーの運転手への指示方法など、現地の様子に至るまで初めて行くこの僕が不安にならないようにとの気配りが散りばめられたメールだった。僕などと違い極端にお忙しいはずのお立場にあるにもかかわらず、単に本を勝手に一冊送りつけてきただけの見ず知らずの相手にここまでして下さるとは！

手にした携帯電話に向かって頭を下げるという、周囲の乗客から見れば実に滑稽な行動の後に携帯をしまい込んだとき、不意に不合理な考えが浮かんできた。何の根拠も裏付けもなく、ただただ

「説得がうまくいってあの物理学者が抗ガン剤を止めることになるから、そうされては困る悪魔が悔し紛れの最後っ屁代わりの爪痕を残したに違いない」

と確信できたのだ。ということは、いつもの悪い癖でつい安請け合いしたのだったが、今日これから飛び込んでいく勝算のない説得劇に光明が射し込み抗ガン剤投与を拒絶してくれることになる！

理性ではとうてい受け入れられないものではあったのだが、何故か心の奥のほうでは百パーセント納得している自分がいたのも事実。あたかも、医学部教授からのメールを見た直後からの僕は、それまでの僕とは何かが決定的に異なっているかのようだった。物理学者の説得を始めるよりも前に、その結果がうまくいくなどということを予測……、いや絶対的な確信を持って予見するなどという、まるで三原の山奥で導かれたときのあの隠遁者様でなくてはできないかのようなことを思い浮かべてい

るのだから。

そんなとき、時間はまるで存在しないかのように振る舞い、気がつくと電車は目的の駅に停車していた。あわててホームに飛び出したと同時に、再び常識という現実に飛び降りた形の僕は、駅前で軽い昼食を取ってからタクシーで研究所に向かう。

## 逆転スクイズ

予定した面会時間より十分ほど早く着いたため、案内された研究室にはその物理学者しかいなかったのだが、執務机の陰でフラットにしたリクライニングシートに横たわっている姿からは二年ほど前に会ったときのエネルギッシュな雰囲気が消え去っていた。かつては自分自身も同じに映っていたのかもしれないが、ガンにさいなまれた身体というものがここまで細くいたいけな物体と化すという事実を目の当たりにした僕は、しばらく言葉を失って立ち尽くしていた。

そんな訪問者に気づいてくれた物理学者は、首だけをこちらに回して力なく挨拶してくれる。いやー、こんなになっちまったよ、と。ほとんど骨と皮だけになった笑顔の真ん中にあった二つの眼が、しかし心の奥底からの喜びを映しているかのように見えたことに、僕は新鮮な驚きも感じていた。何故なら、この世界的な業績を上げ続けてきた物理学者の眼には、たとえ笑っているようなときでも真実を見きわめるためか常に相手を射抜くような冷徹ともいえるような鋭さが秘められていたのだ。それが、完全に消え去っていた。

通り一遍の挨拶しかできなかった自分を歯がゆく思いながらも、次なる適切な言葉も探せていない状況を打開すべく、ない知恵を絞り始めた頃に研究室に秘書の女性が戻ってくれた。それからは僕もその秘書嬢を挟んで、わりと流暢に物理学者と話し込むことができ始めたのだが、ほどなくして物理学者の奥様が到着された。

二人の女性が懇願するかのような眼差しを向ける中、促された僕は勝算のない戦いに身を投じていく。その日の朝から起きた不可思議極まりない引っかき傷と、快速電車の中で得た不合理な解釈のことなど既に頭からかき消され、いったいどう切り出せばよいのかもわからぬままに……。僕自身が抗ガン剤を拒否してカトリックの聖地ルルドへの巡礼によって治したことなど、世界的な物理学者にかったなら千載一遇のチャンスに恵まれただけの単なる偶然でしかないのだ、案の定。

「あなたは運がよかったけれど、自分の場合はそうはいかないよ」

そう言い放たれた後は、まさに取り付く島もない。その勢いを駆ってか、奥様がかねてより調べ上げてきた抗ガン剤に代わる自然療法や代替医療の情報までもが、一刀両断の憂き目。

「今の自分に必要なのは、そんな効くか効かないかわからないような不確かなものではなく、ともかくこれまでの研究が完結するまで後二年の命を繋いでもらえる確実なものだよ」

さらに畳みかけてくる物理学者の言葉はあまりに重く、重要な世界的研究プロジェクトがまさに仕上がりつつある事実を知っていた僕は、確かにグーの音も出すことができなかった。それでもかろうじて反論に転じたのは、心配顔で成り行きを見守っていた奥様と秘書嬢の手前……という、明らかに自分の置かれた立場を何とかカッコつけて守りきろうとする自我のあがきでしかない。本人には決して気分のよい表現ではないのだが、そんな我にまみれた僕に相手をいたわる気持ちが生まれるはずもなく、

「しかしこんなふうに週に一回研究所に二時間出てくるときも横になったままの状態で二年間過ごすよりは、たとえ短期間ではあっても以前のように毎日朝から晩まで思い切り研究に打ち込める日々を送るのが本当ではないですか」

などと口走る。

だが、そんな非人道的な台詞にも動じない決意を崩すことはできず、本人はニヤリとした表情で

「そんな夢のようなことになればいいんだがね、いったいどうしたら本当にそうできるのか、抗ガン剤に代わる本当に確実なものを見せてほしいよ」

とまで投げやりの気分。いっそう暗い雰囲気が支配し始めた研究室の中、最後の望みを託して説得の行方を見守る二人の女性の痛いほどの視線を横顔に感じていた僕は、内心天を仰いだ。

万事休す。

やはりこの僕などに、こんな大役が務まるはずもなかったのだ。無理なことを安請け合いするなどという大それた過ちを犯し、結局はこうして心優しい二人の女性の気持ちを踏みにじる結果を招いてしまう。馬鹿につける薬はないというが、本当にこの俺の馬鹿さ加減は死ぬまで治ることはない！

情けなさではちきれそうになった己の心が保身を謀ったのか、馬鹿な僕の思考が一瞬だけ完全停止をしたとき、何故か部屋の空気が穏やかになるとともに胸のはるか奥のほうにいる自分の思いが浮上してくる。

「やはり、説得は誰か東大出の奴に頼むべきだったのだ。この物理学者も東大出だが、そういえば東大出身者は東大の人間の言うことにしか耳を貸さないというがった表現もあったなあ」

などという……。

直後、あの東大医学部教授が書いた『人は死なない』という本を、途中の電車の中で読み進もうと考えて鞄に入れていたことを思い出す。しめた、これだ！

九回裏走者三塁でツーストライクまで取られた格好の僕にとって、まさに起死回生を狙った背水の陣でのスリーバントスクイズ。急遽話題を変えながら、今日はお土産にこんな本を持ってきたと告げる。手渡された青色表紙カバーの本をパラパラと開きながら、

「何やら、これにも保江さんと同じようなことが書いてあるねー」

と全く興味を示さない様子は最初から織り込みずみ。

「はい、でも表紙にある著者の所属を見て下さい」

手にした本を閉じて表紙カバーを眺めていた物理学者は、案の定かなり興味を示し始めた。

「へー、東大医学部の教授がねー」

間髪を入れず、僕はその教授が尊敬する広島の代替医療の先生に今度十一月十二日に診てもらえることになった由を伝えた。さらには、せっかく抗ガン剤を止めてここまで気分がよくなってきたのだから、また明日から別の病院で抗ガン剤を始めるよりもその広島の先生を頼ってみたらと提案した。

明らかに、本人の雰囲気が違ってきている……。黙ったままで本の頁をパラパラとめくってはいるが、虚ろになってきた眼は印刷された文字を追ってはいない。何かを新たに考えているか、あるいは全く何も考えていないかのようだった。僕も、そして斜め後ろに控えたままで成り行きを見守っていた奥様と秘書嬢もまた、少しだけ期待を抱き始めていた。数分間の沈黙が流れ、研究室の空気がまさに張り裂けるかのようになる直前、物理学者が重い口を開く。

「わかった……。明日はとりあえず病院に行っても、気分が優れないからということにして抗ガン剤投与を始めるのを次回の十一月十四日まで待ってもらうことにする。だから十二日に保江さんが広島に行って、もしこれなら俺にも効きそうだと確信できたならばすぐに連絡してもらえないだろうか。本当に保江さんがそう信じられるほどのものであれば、十四日に病院に行くときには抗ガン剤投与を止めてもらうことにするから……」

もう疲れたから家に戻ると告げた物理学者は、それでも「来てくれてありがとう」という言葉とともに、ヨロヨロとした足取りで立ち上がって握手をしてくれた。そのまま並んだ姿を写真に収めた直後、再びイスに横たわった位置から弱々しく手を振ってくれる。「広島からの吉報を待っていて下さい」と何の根拠もない無責任な言葉を残し、僕はやっと安堵の顔を見せて下さった奥様と秘書嬢に見送られながら、研究所の車で最寄りの私鉄駅に向かう。

ともかく、何とか……なった。こんな僕でも、今日のところは一応の役には立ったのだ。

だが、単に敗北を先送りしただけかもしれない。十一月十二日に広島に行ってみたなら、その先生というのがトンデモない食わせ者だったということになる可能性のほうが高いかもしれないのだから……。いくら東大医学部の教授が尊敬する相手とはいえ、医者でもない人間のすることにいったいどれほどの力があるというのか！

車の中で急に不安に襲われてしまったのだが、そのときは先のことを案じる気力も残っていなかったため、ついには思考を放棄したゾンビを決め込んだまま一路岡山を目指していく。

## いざ広島へ

十日後、早朝五時半には行動を開始した。医学部の教授からは新幹線と在来線を乗り継いでの詳細な行程が示されていたのだが、数日前にたまたま広島で代替医療を受けてみるという話をした相手が中国伝統医学に明るい武道家で、可能なら是非とも立ち会って見学したいということになった。そのため、二人で行くなら鉄道よりも車のほうが費用対効果がよいだろうということで、岡山から高速道路を利用して広島に向かったのだ。

中国本土だけでなく、台湾や日本における漢方医学や民間療法などにも詳しい彼は広島にも何度か足を運んではいたが、これから目撃することになるはずの代替医療については聞いたことがなかったという。車中、いったいどのような技術なのか、しきりに気にし続けていた。

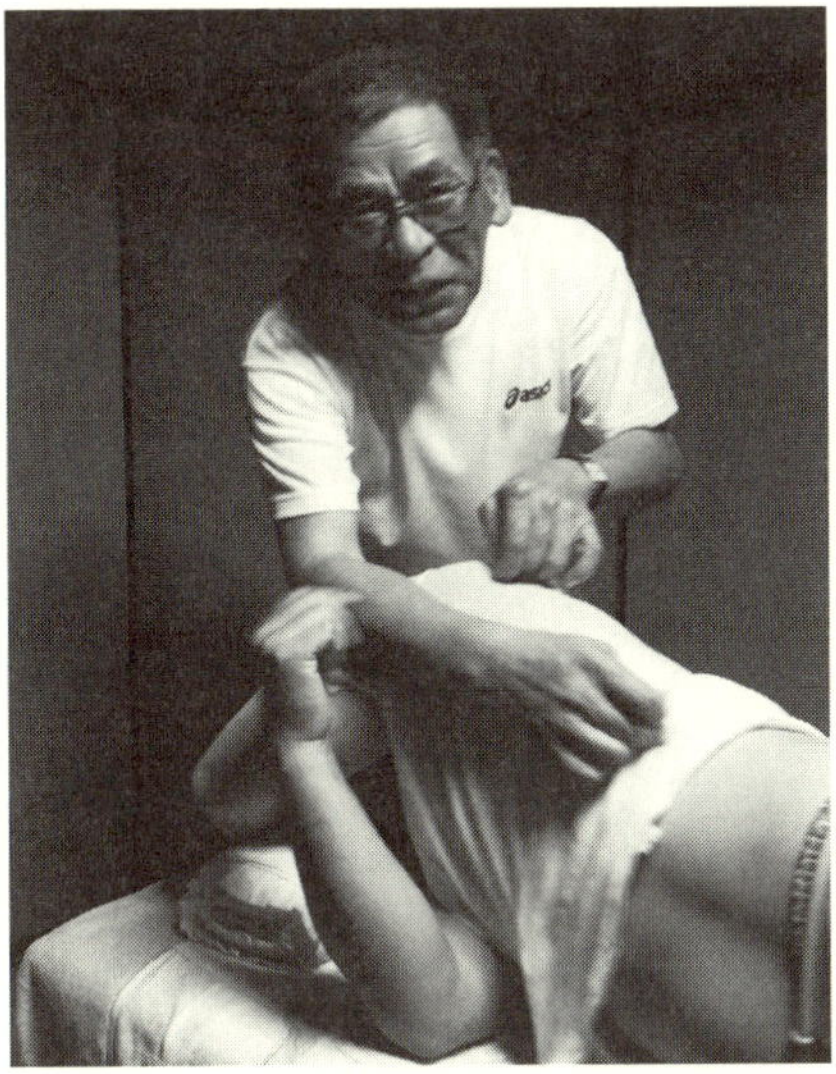

業捨の老人

途中のサービスエリアで軽い朝食を取っても、幸い八時半には指定された住所の近くに到着することができたのだが、そこから先の山道には枝分かれが多く初めての人間にはそもそも無理な行程。幸い通りかかった地元の人に詳しく教えていただき、何とか目的地にたどり着いたときには九時を少し回っていた。

ちょうど小高い岬の先に建てられた格好の古いマンションの最上階まで階段を駆け上がり、潮風で錆びたドア横にあったインターホンに向かって叫ぶ。ドア越しの指示に促されて中に入ると、玄関手前の廊下に白い上下のトレーニングウェアー姿の老人が立っていた。僕が緊張しながらの挨拶を終えた直後、若い頃にはヤクザと間違えられたであろう強面を崩しながら我々に奥の部屋で待つように言い残し、老人はさっさと部屋に引っ込んでしまった。

そのときはずいぶんと素っ気ない先生だと思ったのだが、実は既に朝一番からやってきていた人に行を施していた最中だったのだ。後で知ったことだが、先生の行の邪魔をしないために、後発組はインターホンを鳴らさずに勝手に入り込みながら部屋の中の先生に声をかけるだけでよかったとか。つまり、僕らは最初からヘマをしてしまったということ……。

奥には大きな仏壇が設えられた座敷があり、そこには既に男性が一人座っていた。どうやら、先発組の一人らしいのだが、我々の姿を見るとそれまで広げていた荷物を集めて座敷机を空けてくれる。会釈をしながらそこに座らせていただき、ともかく待つことにした。医学部の教授はまだ東京から到着していなかったようだから、他に何をすればよいのかさえ見当がつかなかったのだ。

ところが、五分もしないうちに先ほどの老人が座敷に現れ、その医学部の先生からの電話による伝言を伝えてくれた。信号故障のために東京から乗った新幹線が二時間ほど遅れているので、自分を待たずに施術を始めておいてほしいとの内容だ。了解しましたと応える我々にお茶を入れてくれた老人は、楽にしてゆっくりしていてくれという言葉を残して再び隣の部屋に入っていき、我々二人は互いに顔を見合わせてから正座していた足をほどいて気を抜いた。

まさにその直後のことだ、びっくりした我々が鳩が豆鉄砲をくらったような互いの表情を確認しあっていたのは。無理もない、隣の部屋から関西弁の女性の声で「先生、めっちゃ痛いやんけ」とか「イタたっ、止めて」という叫びが連発されたのだから。いったい何が起きているのか見当さえつかなかった新参者の二人の驚きと戸惑いの表情を後目に、先客の男はまるで何も聞こえていないかのような無表情のままでテレビを眺めていたことからすると、こんな悲鳴が飛び交うことはひょっとするとよくあることなのかもしれない。

「これは、どうやらトンデモないところに入り込んでしまったのかもしれない……しかし、あの医学部教授は痛いなどとは一言も伝えてくれていなかったのだが？」

極端に痛みに弱い僕だけでなく、同行してくれた武道家もきっとそう考えていたに違いなかったと確信できたのは、悲鳴はその後も一時間以上も続いたからだ。叫び声がやっと途切れたとき、老人が再び座敷に現れたかと思うと今度はコップに入った水を我々に差し入れてくれながら、テレビを見ていた男性に向かって声をかけた。

「奥さんは最近仕事で無理を通したんやろ、だいぶ業《ごう》を溜め込んでおったのう。この前のときよりも痛がっとったでなあ。あんたもそうなら、かなり痛いで」

図星だったのか、苦笑いでうなずいていた男が促されて隣の部屋に入っていくのと交代で、中からは先ほどの悲鳴の主であろう女性が出てきた。あれほど長時間痛がっていたのだからさぞやぐったりと疲れているのではと思ったのだが、簡単に挨拶を交わしてから海を見下ろす窓際の廊下にあった安楽椅子に向かった姿は、むしろはつらつとした雰囲気に包まれていたように見える。

武道家の鋭い眼にも同様に映ったのか、いったいどんなことが隣の部屋で行われているのだろうかと興味津々の表情だったのだが、それもまた隣の部屋から発せられた男の悲鳴によって瞬時に変貌する。女性ならまだしも、あのような大の大人の男性が恥も外聞もかなぐり捨ててわめくということは、白いジャージー姿の老人が施す術というのは本当に極端な痛みを伴うものに違いないのだから。

自分一人で行っていたなら、おそらくこの時点でこっそりと抜け出し、一目散に逃げ帰っていたはず。だが、わざわざ見学のために同行してくれた武道家の手前、そんなこともできない。迫りくる自分の番を恨めしく思いながらひたすら平静を装っていた僕の耳に、隣の部屋から聞こえる悲痛な叫び声はまるで時限爆弾のカウントダウンのごとく響きわたる。やはり、トンデモないところに来てしまったのだ。

だがすべての者に均しく無慈悲なクロノスの神は時を刻み続け、隣の部屋から出てきた男が照れ笑いを残してその妻だという先ほどの女性と共に消え去った座敷の空気は、僕自身の緊張ではちきれそうになっていった。そして、神の執行人の如き老人がついに現れ、蛇に睨まれたかのような僕はそのまま夢遊病者の足取りで隣の薄暗い部屋へと導かれる。後に続いた旧知の武道家が見守る中、中央に置かれた細い施術台の上に仰向けに寝かされた僕の胸の辺りに老人の指がシャツの上から触れた瞬間、これまで経験したことのない極度の激しい痛みで頭の中が真っ白に歪んでしまう。

「痛いーー、うわー、痛い、止めてください、うー、痛い」

思わず先客同様に叫び声を上げていたのだが、それでも老人は容赦しない。痛みに身悶えする僕の身体を台の上に押さえつけながら、休むことなくシャツの上から指で軽く触れていく。そう、見れば確かに軽く指で擦っているだけなのだが、この僕自身は深々と差し込んだ五寸釘をそのまま無理矢理左右に動かされているのかと思えたくらいの激痛に見舞われ続けた。

九年前にガンで死にかけた直後の痛みは我が人生で最も激しい痛みであり、だからこそ耐えかねた信者でない僕でさえ最後の最後にマリア様に助けを求めることができたのだった。ところが、ところがだ。もうこれ以上の痛みなどあり得ないだろうと思っていた己の愚かな確信は、それこそガラガラと音を立てながら崩れ落ちてしまう。何故なら、今この瞬間に体験している無限に感じられるほどの痛みの大きさに比べれば、そのときの激痛などまったくの子供だまし程度なのだから。

延々と続く絶対に耐えられない痛み地獄の中、老人は手を休めることなく傍らに立って興味深く施術を見守る武道家に対し、その技法の由来と意味合いを解説し始めた。何でも、これは「業捨」と書いて「ごうしゃ」と呼ぶ真言密教と共に千二百年前に弘法大師・空海によって伝えられた行法であり、読んで字の如く生きていくうちに溜めてしまった人間の「業」を捨て去ってしまうものとか。弘法大師のお力に助けられて業捨ができるようになったこの老人の指先が業捨の行を受ける人の体表を軽く擦るならば、その付近の骨の奥深い内部に巣くっているどす黒い業が骨から離されて皮膚組織のところに赤黒く広がっていき、その後三日ほどで皮膚の毛細血管に取り込まれ腎臓経由で尿の中に入って体外に放出されるというのだ。

そして老人の指先で業が骨の奥から離されようとするとき、離されたくない業が何とか業捨の行を中止させようとして、何と行を受けている人間の左脳に働きかけて耐え難い激痛を捏造させるという……。なるほど確かに業捨のときにすさまじい痛みがあるのだが、老人の指先がシャツの上から一度離れたならばもう痛くも痒くもないという僕自身の体験からも、まるで実体のない蜃気楼のような激痛だったと思えていたこととも呼応する。これほどまでの痛みがあるのなら、僕だけでなく誰もが途中からでも業捨を止めたいと願うはずだから。

業捨の行を受ける人間の左脳が捏造した痛みということは、何らか身体組織のどこかに炎症などの生理学的原因があって痛みが発生しているわけではないので、身体を捻ろうが歯茎を噛みしめようがその痛みを堪えることもできない。そもそもが、実体のない全くつかみどころのない、従って限りなく増大する一方の激痛と感じられるものなのだ。

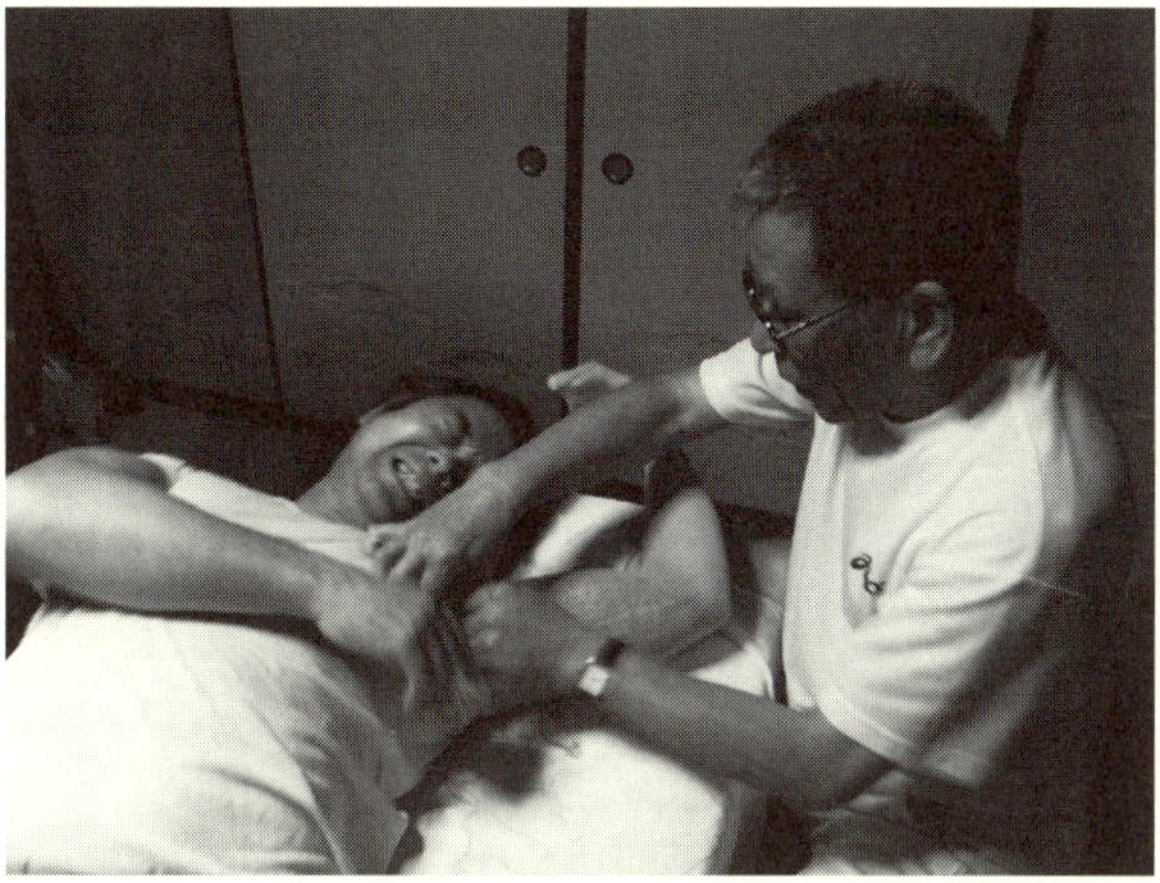

業捨の行

その後この僕は何人もの方々をこの業捨の行にお連れすることになるのだが、その中にはたとえばフルコンタクト空手の創始者で極真会館の大山倍達総裁と直に稽古していた空手家や、極真会館から分派し喧嘩空手で名を馳せた芦原会館で鍛えた空手家もいた。行を受ける前に彼等は異口同音に

「フルコン空手の試合をこなしてきた我々はどんな痛みも精神力でコントロールすることができ、少なくとも試合中にはたとえどんな突きや蹴りを喰らおうとも痛みを感じることはないのだから、そんな身体の表面を擦られたくらいの痛みで泣きわめくわけがない！」

と豪語していたのだが、実際に業捨が始まったとたんにあまりの痛みに身体をバタつかせながら「痛い、イタッーい！」とわめき散らす状態が一時間を超える業捨の行の間中続いた。

側に立って見ていた僕が、親しさ故に笑いながら
「痛みをコントロールできるんじゃなかったのか？」

と意地悪い質問をすると、二人ともが大声でわめきながらこう答えた。

「こ、この痛みは違う、全く耐えられない痛みだ！」

これはその業捨の老人に聞いたことだが、ヤクザの組長が行を受けにきたときにも「ワシ等は全身に入れ墨をする痛みに耐えてきとるんじゃから、少々の痛みなどどうにでも堪えてみせる」と冷静だったにもかかわらず、実際に業捨が始まると苦痛に歪んだ顔でやはり痛い痛いと大声でわめいたという。

「この業捨の痛みに比べれば全身に墨を刺すときの痛みなど子供だましのようなもんだ」

とは、業捨を初めて受けた後のヤクザの親分の言だとか。

うーん、恐るべしは業捨……！

武道家が興味津々で見守る中、左脳が捏造した激痛に翻弄され続けていた僕にもはや思考力は微塵も残らず、痛みの向こう側にある不可思議な心地よさの世界に浸り始めたと感じた瞬間のことだった。あの夏の日の剣山で導かれたコリトリの漢字表記が脳裏をかすめたのは。

垢離取と書いて「コリトリ」と読ませていたのだが、その字面が何と「業捨」と繋がったのだ。漢字の意味するとおり「垢」を「離し」て「取り去る」ことを表しているとし、特に「垢」を人間が生きていく上で溜めてしまった究極の垢としての「業」だと理解すれば、まさに「垢離取」は「業捨」の意となる……と！

そう、あのとき己の思考の中では左に曲がるはずだったところで、何故か無意識のうちに右に曲がってしまった。そこから始まる一連の不思議な気づきと出会いの連鎖の果てが、弘法大師が千二百年前に伝えた真言密教の行であり、それを今に伝える老人によれば左脳の働きによる思考優位の生き方から右脳による直感に身を任せる生き方に変える働きを持つという。

左脳から右脳へ……、左折だったものが右折となった……、確かにきわめて象徴的な対応がついてはいる。その上、この事実に気づいたのは自分が初めて業捨の行を受ける中で、まさに左脳が自ら捏造した耐えられない痛みによって思考を停止することで右脳による直感が働き始めた瞬間のことだった。確かに、右脳の直感が教えてくれたかもしれないのであれば、「垢離取＝業捨」という象徴的なスキームも一考の価値はあるだろう。

## 業捨の副産物

業捨の効果については、さらに驚くべき話がある。

先ほどの極真空手の男はその後この僕と交代で何人もの人達を業捨の行にお連れすることになっていくのだが、中には数回の業捨の後で乳ガンがなくなった女性や、たった一回で子宮ガンが消えた若い女性の他にも、ＰＥＴという陽子線を使った断層映像診断法によって調べたら全身のあちこちにガン病巣が見つかった年輩の男性がいて、やはり一回の業捨の直後に再度ＰＥＴ検査を行った結果どこにもガン病巣が写らなくなっていたのだ。

その広島の老人に言わせれば、そもそも業捨は生まれてから何十年も生きていくうちに溜めてしまった人間の「業」というものを取り除くための真言密教の行であり、本来は病気を治すためのものではないという。

「さっき行を受けて帰ったご夫婦は、二人で大阪のキタの新地でクラブを経営しているため、水商売の毎日の中で取っても取っても業が増えていくのですわ。業が増えすぎると自分達が強欲になったりして結局は仕事がうまくいかなくなるんで、ああやって二人して毎月業捨にお見えになる。溜まった業を毎月の行で捨て去っておけば、不思議に思われるかもしれんがご自分を取り巻く物事や人の流れが実によくなって、経営者にとっては願ったりかなったりの結果が自然に出てくるようになります。

最近あったのは税務署の査察が入ったにもかかわらずどういうわけか一円も取らずに笑顔で帰っていったとか、会社の業績の足を引っ張っていた嫌われ者の部長をクビにもできないので困っていた社長さんが業捨を受けたとたんにその部長さんのほうから辞めると言い出してくれたとか、あまりにもできすぎな話ばかりでな。

そんなわけですから、業捨を受けられる方々の中には自然と社長さんが多くなるんですわ。何故か経営がうまくいくようになるというのが口コミで広がっているんでしょうな」

なるほど空海が伝えた真言密教の行というだけあって、本当の目的は単に修行者の業を捨て去ることで修行者を生まれたばかりの業のない赤ん坊の状態に戻し、今後の修行が滞らないようにするというところにあったわけだ。ただ、そのような行の副産物として、業を溜めることによって煩った病気ならば業捨を受けて業を捨て去ることで完全に回復するというわけ。従ってウイルス性の疾患などのように感染が原因の病気には業捨は効果がないということにはなるのだが、それでも業を取り払うことでそれまで業があることによって低調だった本人の免疫力が高まることになるので、そのような感染症に対してもある程度の効果は見られるという。

だが、その極真空手の男は生来の疑い深さの上に大学では物理学を修めていたため、自分が連れていった人達が回復していく事実を目の当たりにしてもまだ九十九パーセントは疑っていた。それがだ、仕事でお世話になった年輩の男性が脳梗塞の後遺症で左半身の感覚を失って歩けなくなりリハビリに苦しんでいるという話を伝え聞くや、すぐに業捨に連れていった。

そこで目の前に突きつけられた一つの事実は、ついに彼をして業捨の効果を百パーセント完全に信じるところまで至らしめることになる。感覚のない左半身を自分や他人が触っても叩いても当然ながら何も感じないはずなのに、何と業捨を施す老人が指で擦ったとたん、脳梗塞になって以来初めて感覚のない側の左半身に激痛を「感じた」のだ。しかも本人は

「痛いっーーー、でも嬉しいーーーー」


と大声を上げた。無理もない、これまで何の感覚もなかった左半身に初めて痛みを感じることができたのだから、そこには当然ながら心からの嬉しさが沸き立ってきたに違いない。

まさに、魂の叫び……。

脳が麻痺しているため本来は触っても引っかいても痛みすら感じないはずにもかかわらず、業捨の指で擦ったときだけは本当に極度の痛みとして感じることができたという医学的には絶対に説明でき

ない事実を目の当たりにした極真空手の男は、晴れて業捨の不思議な効果に得心することができたという。

## 医学部教授との対面

このような驚愕すべき事実についてはその後に僕の前に次々と突きつけられてくることになるものを、業捨という空海の行について理解していただくためにここであえて先取りしてご紹介したのだが、僕が初めて広島で業捨を受けたときには、まだこのような身近な範囲での事実は皆無だった。それにもかかわらず、百パーセントの確信を持って業捨という行の威力を直感することができた。だからこそ、一時間半近く続いた苦行が終わってからすぐに、僕はあの物理学者の秘書嬢に電話を入れたのだ。

「本物でした。これで大丈夫ですから、今度の日曜日に何とかして広島空港まで飛んできて下さい。後は僕が車でお連れします。絶対にうまくいきます、信じて下さい！」

電話が終わったタイミングで座敷に現れた老人は、

「今し方医学部の先生から再度電話があり、あと一時間ほどでここに到着するのでもうしばらく待っていてほしいということのようです。まあ、初めてのことでお疲れでしょうから、これでも召し上がりながらお待ち下さい」

と言うが早いか、にぎり寿司の折を二人前座敷机に並べて下さってからわざわざお茶も代えてくれる。

このチャンスを逃してはならないと思った僕は、すぐに末期のガンで苦しんでいる物理学者のことを話し、何とかここまで連れてくるので是非とも業捨の行を受けさせてもらえないだろうかと懇願した。僕の顔をまじまじと見つめていた老人は、既に何回かの手術で内蔵を摘出しているので劇的な効果は期待できないだろうが、以前のように全力で仕事に打ち込めるようにはなっていただけるかもしれないと応えてくれる。その上、八日後の日曜日の午後一番に連れてくるようにとまで告げて下さった。

座敷を出ていく老人の後ろ姿にまでも深々と頭を垂れて感謝していた僕は、再び秘書嬢に電話を入れて広島行きの予定を組むように依頼したのだが、直後しばらく放心状態になったのは大役を果たせた安心感の故だったのかもしれない。安請け合いしてしまった無力な自分でも、ともかく今日初めてお世話になった業捨の老人にあの物理学者の運命を託すというところまでは、どうにかこうにかたどり着けたのだから。

初めて受けた業捨のすさまじい痛みの余韻か、あるいは業捨の行によって赤ん坊のように思考を捨て去った生き方ができるようになったのか、気がついたときには僕は無言のままで出されたにぎり寿司をパクついていた。実は、翌日の十一月十三日には、業捨の行によって本当に赤ん坊の状態まで戻していただけていたという事実に気づくことになる。

その日は日曜日で、東京道場での稽古のために上京する予定になっていた。いつもどおりの早朝の新幹線で東京に移動し午後一番で稽古を始めたのだが、前日に受けたばかりの業捨の効果がすぐに現れたのだ。全員が並んで見守る中で、最初に「合気上げ」をやってみせたときのこと。この「合気上げ」は、こちらが両手を膝の上に置いて正座しているときに同じく正座か起座の姿勢から相手が両手で両手首を押さえつけているとき、腕力では相手の身体を上げられないにもかかわらず合気によって相手の身体を立たせるように上げてしまうという訓練技に他ならない。

このとき相手をしてくれたのは、僕が主宰となっている「冠光寺流柔術」の関東支部長をしてくれている木上さんだったのだが、彼はすぐに感想を寄せてくれた。

「これまでで一番高く、一番早く簡単に上げられてしまった」

と。それを聞いたとき、僕はすぐに直感した。昨日受けた業捨の行のおかげで、僕自身の内面を本当に赤ん坊のときの状態にまで戻してもらえたのだ、と。何故なら、こちらの魂が赤ん坊のときのように純真無垢な状態になっていればいるほど、合気上げで上げられる相手はより高い位置まで楽に上がってしまうことをこれまでの拙い経験の中で理解していたからだ。

そのときの東京道場での稽古によって得られた気づきは、その後「合気＝愛魂」の原理と作用機序についての最終的な理解へと僕を導いてくれることになっていくのだが、これについては最後の数節で触れることにする。ともかく一度業捨の行を受けたならば、襲いかかってくる相手を合気によって自在に投げ倒そうとするとき、もはや「汝の敵を愛せよ」というイエス・キリストの教えに従って相手を愛する内面を準備するなどという魂の操作など必要がなくなるのだ。

真言密教の行だという業捨はそれ自体が合気を修得するための完全なる他力本願の技法であり、自力本願の如何なる鍛錬方法よりも効果絶大となるという事実は、これから我が国における武道奥義としての合気を身につけたいと願う多くの武道家にとって無視できないものとなるに違いない。

むろん、前日に業捨の後に振舞われた寿司をパクついていたときには、そのような行の驚くべき効果など知る由もなかったのだが……。能天気にお腹を満たし、机の上に並べられていたお菓子などにも手を伸ばしながら隣の武道家と業捨の行という驚くべき体験についての印象を、それぞれ当事者と観察者という異なる立場から語っていたときのことだ。古いマンションのドアが外側から開かれ、鮮明な声による挨拶が室内に響きわたったのは。

勝手知ったるかのようにそのまま中に入ってくる途中で業捨の老人に迎えられたのか、声の主は廊下で立ち止まって挨拶を交わしているようだった。直後、座敷に入ってきたのは、日本人離れした鼻筋の際だった長身の男性。歳の頃は五十代前半に見えたその人物こそが、新聞の出版広告にあった何故か異様に懐かしく感じた名前の医学部教授だった。

座っているのがこの僕だと気づいた教授は、すぐに正座した後に深々と腰を折って挨拶をして下さったのだが、僕も隣に座っていた武道家もつられた形でいつも以上に額を畳に押しつけるようにしていた。およそ僕が知る大学医学部の教授の中には、ここまで腰の低い方はいないと断言できるほどの丁寧な自己紹介をいただき、恐縮の極致に自分を追いやった僕はしどろもどろで何とか感謝の意を伝えていた。

そこからの二時間ほどの会話の内容は、ほとんど記憶に残っていない。だが、あの三原の山奥に初めて隠遁者様を訪ねたときと同様、既に寒い季節に入っていたにもかかわらず座敷の中だけは差し込んでくる日差しのおかげで終始暖かい明るさに満ち溢れていたのだけは覚えているのだが、不思議な懐かしさを覚えた相手にしてはそれほどの感動に包まれた初めての出会いという雰囲気もなかった。ただ相手方の誠実さと謙虚さ、そしてきわめて明晰な頭脳と心根の優しさに触れることができ、本当に心休まる時間を共有できたという確信は残っていた。

同行してもらった武道家のご都合もあり、午後四時には広島を離れる必要があったため、僕はその医学部教授と業捨の行を施して下さった老人に礼を伝えた後に玄関まで歩く。これからご自分も行を受けてから帰るという教授と老人に見送られながら、深々と頭を下げた我々は古いマンションを辞して車に乗り込んだのだが、武道家が開口一番

「いやー、お二人ともすばらしくご立派な方々でしたね」

と感嘆する。

本当に、すばらしい出会いを頂戴できたのだった。これなら、八日後に予定された物理学者のときも、きっとすべてがうまくいくはず。そんな無責任な確信を膨らませながら、僕は一路岡山へと車を進めていった。

## 物理学者と共に

ついにその日が、きた。十一月二十日の日曜日、既に先取りしてご紹介したその後業捨に感服することになる極真空手の男は前日から岡山に来てくれていた。奥様がつきそうとはいえ、早朝からタクシーで羽田空港まで二時間以上をかけてから空路で広島空港まで一気に足を運ぶわけだから、もし途中で歩けなくなったときのことを考えて力の強い助っ人として呼んでいたのだ。非力な僕一人では、どうにもならないことは明らかだった。それに広島空港からの運転もしてもらえるので、僕が物理学者の世話に専念できるのも好都合。

　岡山から高速道路を一時間半ほど走ると、もう広島空港に着いてしまう。十一時過ぎと伝えられていた羽田からの到着時間には余裕で間に合い、ターミナルビルの向かいに広がる駐車場に車を置いてからガラス張りの到着ゲート前に陣取る。やがて着陸を知らせるアナウンスが流れ、しばらくすると飛行機から降りてきた旅客達が早足で三々五々ゲートから出てくるが、肝心の物理学者の姿はない。

　おそらく他の客が降りてから最後にゆっくりと歩いて出てくるか、地上係員が押す車椅子に乗せてもらってくるために遅くなっているのだろうと考えていたら、奥様に脇から支えられてフワフワと力なく立っている痩せ細った物理学者が僕に近づいてくるのが見えた。極真空手の男が気を利かせてすぐに駐車場へと車を取りに行ってくれ、僕は心細さを漂わせる二人を力づける笑顔と毅然とした雰囲気でターミナルビルの外へと案内していく。

　ビルから歩道をゆっくりと渡って駐車場に入ったベストなタイミングですぐ側まで寄ってきた見慣れた車のドアを開け、物理学者と奥様には後部座席に座っていただく。既にかなりの疲労感を漂わせていた物理学者の指示で、後部座席のリクライニングをフラットに近い位置まで倒し、目的地までの道中にこれ以上具合が悪くならないことを祈りながらドアを閉めた。

　いったいこれからどんなことになるのかという、つかみどころのない不安に押し潰される状況にありながらも、物理学者は気丈にも笑顔を作って運転席と助手席に座る我々に礼を言ってくれる。せめて笑い声が絶えない車中にしなければならないと肝に銘じた僕は、助手席の背もたれを腕で抱える形で後ろを向いたまま、通過していく車窓に広がる広島県の田舎事情をおもしろおかしく語って聞かせた。

広島空港からすぐに山陽自動車道に乗り、直後にある高速道路ジャンクションで南下する新しい高速道路に移るのだが、途中からは未完成となっていたためそのまま狭い国道を利用して目的地へと向かう。幸い極真空手の男の運転がうまかったため、後ろを振り向いたままの姿勢で乗り続けていたにもかかわらず、恐れていた乗り物酔いとはありがたいことに最後まで無縁だった。おかげで物理学者とも様々に話が弾み、僕の頭の中の印象では目的地に到着するまでの所要時間はほんの三十分程度に感じられた。

実は、そこに大きな落とし穴が掘られる結果となってしまうのだが、それに気づくのは業捨を終えての帰り道でのことになる……。

ともあれ、予想していたよりも早く午後の一時頃に目的地に到着する。だが、問題はそこからだ。何せ、エレベーターのない古い五階建てマンションの最上階まで、階段を上っていかなくてはならないのだから。荷物は全部極真空手の男が持ってくれ、奥様に手を引かれながら潮風で錆びついた手すりを握りしめた物理学者は、一段一段にゆっくりと弱々しく足をかけていく。階段の踊り場にでる度に、瀬戸内海の入り江を望みながら休息し、ときには愛用のデジカメに多島美を写し込んでもいた。こんなきれいな景色は久しぶりだと言いながら。

先に荷物を持ち上げてしまった極真空手の男が五階から早足で降りてくるなりいつでも背中をお貸

しします と告げてくれたのだが、いや休み休みであれば上まで自分で行けそうだからと力なく笑ってから、物理学者はまるで十字架を担がされてゴルゴタの丘を登っていったイエス・キリストのようにフラフラとした足取りで受難の道を選んでいく。それを見守るしかできない我々三人は、さながら聖母マリア、使徒トマス、そして使徒ユダだったのかもしれない。

むろん、物理学者をこれから業捨という受難に向かわせたこの僕がユダであり、案じながら心配していた奥様が聖母マリア、そして十二使徒の中で最後までキリスト復活の奇跡を信じなかったトマスは大学で物理学を修め今では社長として社員とその家族を養っている極真空手の男に他ならない。事実、この男は高名な物理学者の手助けになりたいという男気だけでわざわざ自腹を切って前夜から岡山に来てくれただけで、弘法大師の行だという訳のわからない業捨などというものについては完全に疑っていた。

磔の杭によって手首に空けられた穴に、自分の指を差し入れてみて初めて復活という奇跡を信じた使徒トマスと同様、極真空手の男もまた後日脳梗塞によって左半身の感覚が完全に麻痺していた人が業捨の指で左半身を擦られたときにだけ激しい痛みを感じたという事実を目の当たりにしたことによって初めて信じることになる。業捨が、あり得ないほどの効果を示す、奇跡の行だということを……。

結局業捨の老人が待つ五階の部屋に入ったときには、既に一時半を回っていた。幸いというか、ガンで胃を全摘し膵臓や腸も半分ほど取り去った上に肝臓にまで転移したあげく国立ガンセンターでの入院から自宅療養に回された物理学者ができるだけ待たなくてすむように、昼からは行を受ける人の数を極端に少なくするというご配慮をいただいていた。そのため、既に隣の部屋で行を受けていた先客以外には待っている人は見あたらなかったが、当日は我々よりも十分ほど遅れて座敷に入ってきた女性が一人いただけとなった。おかげで、二時には物理学者の業捨が始まったのだ。

奥様だけでなくこの僕までもが立ち会うようにと指示され、待合室を兼ねた座敷に極真空手の男を残して緊張が張りつめた隣の部屋に入っていく。思えば、一週間前に目玉が飛び出すほどの激痛に耐えられず、恥も外聞もなくわめき散らした場所なのだ。だからなのか、何となく居心地が悪く、落ち着かない自分に気づいてもいた。僕のそんな様子によけいに不安をかき立てられたのか、中央の狭い施術台の上に仰向けに骨と皮だけになった痛々しい身体を横たえたままの物理学者は、鋭い言葉で僕を突いてきた。

「保江さん、何か僕に隠してない？」

虚を突かれた僕は一瞬ぎょっとしかけたのだが、今はまだ悟られるわけにはいかないと考え、必死で普通の笑顔を作り上げて「いえいえ、そんなことがあるわけないですよ」と繕う……。実は、この物理学者は痛みに極端に弱いのだと秘書嬢から聞いていたため、本人にはこの行に伴う激痛のことは完全に伏せていた。少しでも痛みがあるなどと言おうものなら、絶対に受けてはくれないからだ。たとえ既にまな板の上の鯉に似た状態にあっても、一度痛いと感づいたら最後すぐに逃げ出してしまうのは必至。

冷や汗をかきながらその場の雰囲気をほぐしていたとき、業捨の行を施してくれる強面の老人が入ってくる。とたんに部屋の空気が明るくなったかと思うと、強面から繰り出される大声に圧倒されたのか、物理学者も完全なまな板の上の鯉となっていた。

ともかく、これで無事に業捨を受けてもらえる。安堵した僕は、既にこの時点で肩の荷を降ろした気持ちとなっていった。行の結果がどうなるか、全くわかってはいなかったのに……。だが、心の奥底にあるものは、どうやら時間の後先などとは無縁のものであるらしい。業捨が終わってから現れてくる物理学者が予期しなかった展開の始まりを、そのときの僕の魂は百パーセント確信していたのだから。

## 左脳から右脳へ

これは千二百年前に弘法大師が伝えた行だという簡単な紹介を終えた老人は、いよいよガンに苛まれて四十キロまで体重を落としてしまった物理学者の身体に、シャツの上から指先を這わす。その刹

那、

「ギャー、止めてくれー」

という叫び声を上げて身体を丸め込もうとしたのだが、そんなことはお構いなしに老人は行を進めていく。

「痛っ、痛い、くわー、イテテテーー!!」

これまで経験したこともない激痛に身をよじって抵抗する物理学者を軽くあしらいながら、淡々と業捨を続ける老人はときおり手を休めシャツをめくって体表の変化を確認する。指が止まったときには痛みは全くなく、それまで苦痛に歪んでいた顔に笑みが戻ったかと思うと、物理学者は少し離れた位置に立っていた僕の顔を見ながら
「痛いなんて、教えてくれてなかったよねー」

と笑っていた。

申し訳ない気持ちでお詫びの言葉を伝えた僕の真意は既に汲んで下さっていたようで、天井を見つめながら

「そりゃー、こんなに痛いとわかっていたら来なかったもんなー」

と独白なさるゆとりも生まれていた。そう、確かに行を受ける前よりもだいぶ活力が戻ってきたかのようだったのだ。だが、そんな余裕も再び老人の指先が動き始めたとたん消え去ってしまう。激痛地獄の中で泣き叫びながら身悶えする状況の連続に、秀才の誉れ高い物理学者の思考ですら完全に停止し、頭の中が文字どおり真っ白になったとしか感じられなくなるのだ。

業が左脳に働きかけて捏造した耐えがたき激痛のおかげで、その左脳自体がそれまでの動きをストップすることで何も意識することができなくなった空白状態は、結果として右脳の働きで生きる道を拓いてくれる。普段なら左脳が生む自我意識に邪魔されてその働きが完全に押さえ込まれているはずの右脳が、やおら頭をもたげてくるのだ。老人の言葉によれば、業捨というのは人間が陥っている「左脳暮らし」という地獄から解放し、「右脳暮らし」という天国へと人々を導く弘法大師が伝えた真言密教の行というわけ。

右脳の働きを優位にすることで、本人に備わっている生来の免疫力が回復し、結果として様々な病気も治ってしまうという。だが、目の前で業捨の痛みに悶絶している物理学者は既に胃を全摘し、膵

臓も半分は摘出した上に肝臓にまでガンが転移している。いまさら免疫力が戻ったところで、いったいどれほどの効果が期待できるというのだろうか？

本人を遠く広島まで連れ出した人間がそんな弱気なことを考えていたのでは話にならないのだが、冷静に考えれば考えるほど、そして時間が経てば経つほど自責の念に駆られていったのも事実。ひょっとして、この僕はやはりトンデモない間違いを犯したのではないだろうか⁉　そう考えながら業捨の成り行きを見守っているうち、あまりに痛がる物理学者を休ませようと、老人は五分ほど休憩すると言い残して部屋を離れた。

やっと痛みから解放された物理学者は、やせ細った身体を折り畳むようにして台の上にあぐらをかき、驚くほどの大きな声で苦笑いする。

「いやー、世の中にはこんなものもあるんだねー。痛いなんてものを通り越して、もう参っちゃうよね。あの先生は、いったいどこで習ったのかな。弘法大師の行だなんておっしゃっていたけど、真言宗のお坊さんかね。ともかく、尋常じゃないよ、この無茶苦茶な痛みは。今度先生が現れたら、もうここまでで充分だから止めましょうよと頼もうかな。帰りの飛行機の時間もあることだし……」

堰を切ったかのようにしゃべり続ける物理学者に気持ちを向けていた僕と奥様は、ほぼ同時にそれぞれ異なった観点から小さな、いや本質的には大きな変化を見出していた。

まず僕の目に映ったのは、鋭い洞察力を光らせた睨むような目つきで気力満々に畳みかけるように話しかけてくる、学会や研究集会で拝見した以前のお元気な頃の物理学者のお姿に戻ってきていると いう変化だった。この業捨の行を受け始める前のさっきまでの姿は、この一年間のガンによる闘病生活の中で眼光も消え失せ口数も少なくなってしまった、昔を知る者には本当に痛々しく映るものでしかなかったのだ。それが一時間ほどの間に様変わりしてしまい、骨と皮だけになったお姿こそは同じなのだが、何か身体の内部から活力の輝きを取り戻しつつあるように感じられたのだから……。

そして、奥様が気づかれたのは、細い施術用の台の上で話し続ける物理学者の姿勢についてだった。昔から腰痛がひどかったために、あぐらをかいて談笑することなどあり得なかったにもかかわらず、目の前には両足で大きなあぐらをかいて楽しげに会話する姿が持続していたのだ。これまでならすぐに腰が痛くなっていたことを心配した奥様がそのことを告げたとき、当の物理学者は初めてご自分の姿勢に気づいたようで、両手で両足を撫でて確認しながら

「あれ、ホントだ。ちゃんとあぐらをかいているのに、平気だ。腰も痛くならないし、不思議だね。まあ、さっきまでの激痛で感覚が麻痺してしまって、そのために少々の腰の痛みなんかは感じないのかもしれないね」

と笑顔で驚いていた。

部屋の中に三人の笑い声が響いた直後、老人が再び姿を現した。

「少し休んで元気が出たようですから、さあ、業捨の続きを始めましょうか」

これに対し、活力を取り戻した物理学者は案の定あれこれと老人に話しかけることで苦行から逃れようという作戦に出る。

「先生、もう充分でしょう。おかげさまでこんなに元気にしていただけましたし、後は先生のお話をうかがって……」

「いや、まだ半分も終わっとらん。さあ、今度はうつ伏せになってもらいましょうか」

しかし、物理学者の応戦も続く。

「手の中に五寸釘でもかくしてらっしゃるんじゃないですか、あるいは太い爪にヤスリをかけて尖らせてるとか。ちょっと先生の手先を拝見させて下さい」

そう言うが早いか、老人の両手を掴まえた物理学者は
「いや、先生、女性みたいな柔らかい手をされてるんだ。爪も丸いままだし。こんな普通の指先で触れるだけなのに、何であんなに痛いんですかね。あれ、先生、もっと高そうな腕時計をされてるのかと思ってたら、結構普通の時計をはめられてるんだ……」

とまくし立てる。

だが、お若い頃はヤクザと見紛われたであろう強面の老人にかかっては、物理学者などは赤子の手を捻るかのようにあしらわれてしまう。結局は台の上にうつ伏せになることを余儀なくされた物理学者が、恨めしそうな上目遣いで僕の方を一瞥した直後、仰向けのときの数倍ものわめき声を上げながら再び激しい苦痛に顔を歪めると同時に手足までもバタつかせ始めた。

「イテ、イテテッー、無茶苦茶痛い。先生、さっきより何倍も痛いじゃないですか。イタタ、ひゃー、こんな激しい痛みなんかが出るなら、やっぱりもう止めましょう」

馬耳東風を決め込んだ百戦錬磨の老人にそんな訴えが届くわけもなく、それからの一時間は前にも

増して悲鳴の連続となった。そんな中でも、老人は笑いながら背中に手を這わせ、ちょうど全摘で失った胃の裏あたりを擦り始めたときには

「これで新しく胃が生えてきますから、行が終わったらお腹が空きますよ」

と声をかける。

まあ、本人を元気づけるための気休めなんだろうと考えていたのは僕だけではなかったようで、物理学者は悟りきったような口調で老人に言い聞かせていた。

「先生、僕はね手術で胃を全部摘出しているからね、お腹が空くなんてことはないし、だいたい果物を刻んだものを少し食べられるだけなんですよ」

だが、老人はそれでも業捨が終わればお腹が空くと何度も念を押し、激痛のために反論する余裕を失った物理学者の声は悲痛な叫びへと変わっていった。

## 帰路に起きた奇跡

結局、二時間近くに及んだ業捨の過酷な行が終わったとき、座敷にかかっていた時計の針は既に四時を回っていた。広島空港からの帰りの飛行機は五時二十分発と聞いていたのだが、昼前に広島空港から車を走らせたときには確か三十分程度で到着したはずだから、まあゆとりを持って四時十五分にここを出発すればよい。着替えて隣の部屋から出てきた物理学者と奥様を促し、また自分も業捨を受けてみたいという極真空手の男には行を受けている間にちょいと広島空港までお二人をお送りしてから戻ってくると伝え、僕は座敷から廊下へと出て奥の部屋で煙草を一服していた老人に挨拶の声をかけた。

奥から老人が急いで出てきてくれたとき、ちょうど物理学者が座敷の中を小走りで横切っていたのだが、座敷机の上に置かれていた菓子器の上に広島名物のもみじ饅頭を見つけた。その瞬間まるで欠食児童の仕草のように、目にも留まらぬ早さで袋に入った饅頭を一つ掴んだのには、この僕も驚いてしまった。元々そんな行動に出る人では、決してないのだから。

老人もまた、その唖然とする光景を目にしたのか、

「ほれ、言ったとおりじゃないですか。お腹が空いたんでしょ。しかしな、いくら空いたからといって、お菓子を食べるのはよくない。ちょっと待っとりなさい」

と言ったが早いか、急いで奥の部屋に行って何か包みを一つ取ってくる。見れば、一週間前に僕と武道家にも振舞って下さったにぎり寿司の折りだ。

「ほら、ワシが後で食べようと思うとった寿司があるから、これを先に食べてからさっきの饅頭にして下され」

そう伝えながら手早く折り詰めを開いて座敷机の上に置いたのだが、急に振り向いた老人はその勢いで僕に尋ねてきた。帰りの飛行機は何時の便か、と。五時二十分に広島空港を出発するので、まあ四時半に出ればギリギリ間に合うと思うからお寿司をいただく時間はありますと答えたのは僕だが、今思い出してもゾッとする。何故なら、すぐに己の愚かさを思い知ることになるのだが、昼前に広島空港からやってきたときには一時間半もかかっていたのだ。そのとき、僕は物理学者と奥様を少しでも元気づけるために、助手席から振り向いたままで後部座席に気持ちを集中させていた。だから、僕の意識ではわずか三十分程度で到着したと思えていたため、トンでもない状況に追い込まれてしまう。

だが、その時点ではまだのんきに三十分で空港に行けると信じていたため、物理学者がお寿司を食

べる時間があると能天気に答えてしまったのだ。だが、しばらく空中を眺めていた老人は、

「広島空港までは車で行ったことはないが、右脳が教えてくれる直感ではすぐに出発したほうがよいようですぞ」

と言いながら、手早く寿司折りを閉じてしまい奥様に手渡す。

「これは、車の中で召し上がって下さい」

広島空港へと急がなくてはならない三人を駐車場まで見送ってくれた極真空手の男は、このときあり得ない光景を目の当たりにする。数時間前に広島空港に降り立ったときの力なく今にも倒れそうなフラフラとした様子は完全に影を潜め、勢いよく階段をポンポンと降りていったかとおもうと駐車していた車のところまではスキップをしながら駆け寄っていくのだから。そんな活力に溢れた後ろ姿に唖然とした表情の男は、物理学者の荷物を車の最後部に収納しながらしきりに首を捻っていた。

確かに、いつもながらの眼光と口数が戻った物理学者は、後部座席に座ってもリクライニングを倒そうとはしない。遠足のバス旅行を待ちわびていた小学生のやんちゃ坊主の雰囲気さえ蘇ってきたのか、本当に楽しそうなうれしそうな表情になっている。老人の古びたマンションの前で手を振る極真

空手の男に「空港までお送りして一時間半ほどで戻ってくるから、その間に業捨の行を受けておいてくれ」と告げた僕は、その時点ではまだ己の愚かさには気づいていなかった。

運転しながら後部座席の様子に気を配っていると、やっぱりお腹空いたからさっきのお寿司食をべてみると言い出した物理学者に対して、奥様が心配の声をかけている。無理もない、点滴などで栄養を摂っていた国立ガンセンターを出て自宅療養になってからというもの、果物を細かく刻んだものしかずっと口にしていなかったのだから。それが急にお寿司、しかも生魚のにぎり寿司を食べてみるというわけだ。

試しに玉子焼きからにしてみて下さいと譲歩した奥様のお声に続いて、それじゃあという物理学者の声の後はやはり遠足に行った子供がお弁当を口に運ぶかのような雰囲気で、満足げな舌鼓となった。

「あれ、ちゃんと食べられたね。これなら普通のにぎりも大丈夫そうだな」

そう言うが早いか、何かほかのネタのにぎりを頬張っている雰囲気だ。

「うまい、うまい」

結局、僕が高速道路を目指して山道を上がっていく間、後部座席の二人はにぎり寿司の折りを空けてしまった。しかも、「おいしかったけど、まだこれも食べられそうだ」と言いながら物理学者はさっき出がけに座敷机の上に見つけたもみじ饅頭の袋を開け、驚いている様子の奥様を後目にさっさと口に入れた気配だった。

それだけでは、ない。饅頭がなくなったなら、今度は今朝家から持ってきていたという細かく刻んだ果物が入ったプラスチック容器を開けさせ、それをも完食してしまったのだ。おいしい、おいしいを連発しながら……。それと同時に後部座敷の雰囲気がどんどんと明るくなるのを背中に感じながら運転していた僕は、本当に久しぶりの本格的な食事を終えてホッとした物理学者が思わず発した奥深いところから出たかのような言葉に、大きくうなずいていた。

「しかし、考えてみればそうだよなー。あちこちに転移したガンで内臓までいくつか失ってボロボロになった身体をここまで元気にしてもらうには、これまでやってきたような単に自分は何かをしてもらうとか薬やその他の効きそうなものを飲むだけなどという楽なことをいくらやっても無理だよね。やはり、自分自身があそこまでの痛みに長時間耐え抜いたからこそ、ガンなんかに負けてられないという活力と気力が湧いてくるんだろうな。あの激痛地獄を潜り抜けたんだからこそ、この身体を元のように使えるようにしてもらえたってとこかなあ」

僕にとっては、まさに値千金の言葉だった。

世界的な業績を上げて毎年ノーベル賞受賞も噂され続けている、科学的・理性的思考の寵児と目されている物理学者に、いくらガンの転移や再発に苦しんでいるからとはいえ医学的にはとうてい裏づけすることもできないようなトンデモない荒療治を受けるようにレールを引いてしまったのは、この僕以外の何者でもなかったのだ。時間の無駄に終わるどころか、結局はよけいに体力を使い果たして病状を悪化させてしまうというひどい結末を迎え、僕自身は非難轟々の中を平身低頭で帰路につくという可能性の高さを百も承知だった。

それが、物理学者がしみじみと心から喜び、感動してくれる帰路となっていたのだ、実際には。まさに奇跡と呼んでよいだろう。当然ながら後部座席で食事を終えてからの車内の会話は明るく膨らみ、僕に残された仕事はこうして祝福された物理学者と奥様を無事に広島空港に送り届けるのみとなっていた。

だが、好事魔多し。昼頃に通った国道を逆に走っているだけで、道を間違えた気配など微塵もないのだが、何故かいつまで走っても最初の高速道路の入り口が見えてこない。数時間前の記憶では、二本目の高速道路を出て国道になってからは二十分ほどで業捨の老人のところに到着したはずなのだが、もうかれこれ三十分以上走ってもその高速道路に乗れていないのだ。何か、おかしい！

そう考え始めた僕が最初に思いついたのは、空港から走ってきたときには後部座席の物理学者ご夫妻にのみ注意を向け続けていたため、実際の所要時間よりもずっと短い時間で到着したという印象が強いだけかもしれないということ。もしそうなら、まだ高速道路が見えてこないという事実の説明はつく……。

ということは、空港までは僕の予想以上に時間がかかるということになり、あやふやな記憶に頼った己の無責任な行動の結果としてお二人が予約した羽田行きの飛行機に乗れなくなってしまう！　これは、マジにヤバい！

顔面蒼白の状態を悟られないようにしながら、僕は後ろのお二人に飛行機の出発時間を聞いた。五時二十分広島発の羽田便だという返事をあっさりと受け止めた雰囲気に終始しながらも、内心ではすべてを放り投げて逃げ去りたいと願っていた。ハンドルを回す度に腕時計の針を確認しつつ、後部座席で喜んでいらっしゃるお二人にいったいどう切り出せばよいのかと思案してはみたのだが、冷静に考えれば考えるほど最悪の結果しか見えてはこない。

業捨の行に耐え、まさに希望の光を見出した直後だというのに、ここにきて帰りの飛行機に乗り遅れるなどという愚かな事態を迎えるとは……。僕は、己自身を恨んでいた。何という愚か者なんだろうか、この僕は！

まさにそんなときだ、脳裏にふと先週自分が行を受けていたときに聞いた老人の話が浮かんできたのは。

「業捨の行を受けて業を捨て去った人は、不思議なことに仕事や社会的な活動の中で様々なことがうまく運び始めるようになるのです。普通ではあり得ないようなことまでもが起きるようです。この前は、行を受けて数日して大阪の飲み屋で痛飲した社長さんが、明け方の四時まで店で待ってから車を運転してご自宅に向かわれたそうです。

そんな時間には飲酒運転の一斉検挙はやっていないはずということだったんですが、いかんせんかなり酔っていたので右に左に蛇行運転になっていたので、すぐにパトカーに止められてしまった。で、酒の臭いがプンプンしてろれつも回らない運転手を見た警察官はすぐに呼気チェックの器具で検査したそうですが、何とどういうわけか呼気中のアルコール濃度は完全にゼロと表示されてしまった。

で、何回検査してもゼロにしかならないため、結局は無罪放免になったと聞きましたが、業捨を受けておるとこのように考えられないようなことが実際に起きるようです」

そして今自分が陥っている状況では、普通ならば予約した飛行機に乗り遅れるという結末にしかならないのだろうが、車を運転しているこの僕は一週間前に業捨を受けたし、後ろの物理学者はまさに業捨を受けたばかりだ。ならば、老人の言う考えられないようなことが都合よく起こってくれるかもしれない。つまり、不思議にも予約した帰りの飛行機に間に合うという、もはや今となってはあり得ないようなことが実現される……。

単にそのように願望したというのではなく、何故か何の理由もなく「絶対に間に合う」という百パーセントの確信が生まれた僕の目に、高速道路の入り口を示す緑色の道路標識が飛び込んでくる。時計を見やると、五時十分前だった。いくら確信があっても、ここはやはりとことん努力しておかなくてはならないはず。そう考えた僕は、カッと眼を開いて既に暗くなっていた高速道路で、アクセルをグッと踏み込む。

建設途上の片道一車線の高速道路だったために、遅い先行車両に足を引っ張られる形で、思ったほどには時間を稼げない。焦る気持ちを押さえ込みながら、やっと最初の高速道路から次の山陽自動車道へ乗り換えるジャンクションに差し掛かったときには、時計の針は五時ちょうどを指していた。羽田便の出発時刻が五時二十分ということは、一応あと五分以内に空港にいなくてはならないのだが、これから山陽自動車道を走って次のインターチェンジで降りてからも広島空港への一般道をかなり走らなければならない。

とうてい不可能なことだとはわかっていたのだが、奥深いところからわき出てくる絶対の確信が揺らぐこともなく、ともかくできる限りのことはしようと追い越し車線を爆走する。広島空港に近いインターチェンジから高速道路を離れたのが五時十分、そして幸いにも空いていた空港への一般道をかなりの速度で飛ばしたあげく、空港ターミナルビルの前に車を横付けしたのは五時十五分だった。

これでは五時二十分発の飛行機に乗れるわけもないのだが、依然百パーセントの確信があったため、ひょっとしたら飛行機が何かのトラブルで遅れて出発することになるのだろうかなどという考えも生まれてはいた。だが、ここで今できることは、後部座席の二人を急かせてターミナルビル二階の出発ロビーにある航空会社のカウンターへと走らせることしかない。

「すみません、とりあえず急いで二階のカウンターに行って下さい。僕は車を駐車場に置いてから、すぐに追いかけていきますが、まだ羽田行きに搭乗させてもらえそうなら僕を待たずに搭乗ゲートに向かって下さい。あわてさせて申し訳ありません」

奥様に手荷物を渡しながら車寄せの歩道から二階へと上がる階段を示した直後、

「保江さん、ホントにありがとう」

と礼を告げたが早いか、手荷物を持った奥様のことも忘れたかのように物理学者は階段を勢いよくかけ上がっていった。

とにかく自分一人だけでもいち早く出発カウンターに滑り込みさえすれば、後から遅れて追いかけてくる奥様についても大丈夫だと考えての上だとはすぐに見当がついた。しかし、それにしても昼前にこの空港に降り立ったときの今にも倒れそうだった物理学者の姿からはとうてい想像することはできないほどの変わりように、僕の目は階段の上から姿が消えてしまうまで釘付けとなっていた。

一瞬の空白の後、気持ちを取り戻した僕は車を駐車場に入れてから、全力ダッシュで二階の出発ロビーへと向かう。百パーセントの確信があってのこれまでの努力だったのだが、それが本当に実を結んで奇跡的に予約便に乗れたか否かの答が、まさに目の前に提示されるのだ。心の奥深いところ、つまり老人の言葉によれば右脳ということになるのだろうが、そこではすべてが予定調和によってうまくいくはずだと理解してはいた。だが、それでも左脳が生み出す思考の中では、出発ロビーのベンチに力なく座り込んだ物理学者と奥様の姿が色濃く映っていたのも事実。

二階ロビーの視界が開けた瞬間から、あらゆる場所に焦点を当ててはみたのだが、お二人の姿はどこにも見あたらない。時計を見ると予定出発時刻の五時二十分を少し回ったところだった。まさか出発ゲートに行ったのかといぶかしげな表情のまま、僕は航空会社のカウンターにいた係りの女性に聞いてみた。つい五分ほど前に年輩のご夫婦が搭乗手続きをしたと思うが、五時二十分発の羽田便に乗れたかどうか教えてもらえないか、と。

それに対する返事は、僕をよけいに混乱させてしまう。何故なら、今から離陸する羽田便については既にカウンターでの搭乗手続きを十五分前に終了していたのでそれ以後は誰もここには寄っていないが、年輩の男女二人が先ほど走って手荷物検査場に入っていったというのだから。

「電子チケットでご予約のお客様ならカウンターを通さず、ご自分で手荷物検査をすませて出発便のゲートまで行かれますので」

そう教えてくれた係りの女性に

「ということは、五時二十分の東京行きの飛行機に乗れたのでしょうか?」

と問い返してはみたが、案の定困った表情になりながら「そういうことは、ここではちょっとわかりかねます」としか答えてくれない。

さあ、いったいどうなったのだろうか? 途方に暮れていたとき、携帯電話に着信があった。表示を見ると、物理学者の秘書嬢からだ。さてどうしたのかと急いで電話に出てみれば、何とついさっき物理学者から秘書嬢に電話があり、広島空港での別れ際に急いでいたためリュックサックを車の中に忘れてきたので僕に連絡して着払いで研究所に送ってくれるように頼んでくれと指示されたとか。ゲートから飛行機に乗り込む直前だったとかで、日頃ワンプッシュで電話をかけられるようにしていた秘書の番号にかけたとも……。

電話を受けながら、ふと湧いてきた疑問をぶつけてみた。

「ということは、ちゃんと予定どおりの羽田便に乗れたということでしょうか?」

すると、

「これからキャビンに入るから電話できなくなるということでしたから、今頃はもう離陸したのではないでしょうか……」

という淡々とした反応に終始する。

えーッ、ということは五時十五分に空港ターミナルビルに横付けした車から飛び降りた二人は、その後階段をかけ上がった勢いで二階出発ロビーを走り抜け、手荷物検査もすませた上でちゃんと五時二十分発の予約していた飛行機に乗せてもらえたのだ！

まさに、右脳が心の奥底に沸き立たせてくれた根拠のない百パーセントの確信のとおり、普通ならあり得ないようなことが起きてしまったことになる。奇跡という表現ですませてしまうことは簡単だが、それでは何もわかりはしない。業捨の老人が言うように、業というものを捨て去って生まれたときの赤ん坊の状態に戻り左脳による思考本意の生きざまを改めることができたときには、弘法大師のお力で助けていただける。そんな宗教的解釈を受け入れるにも充分な事実だったのだから、そこからさらなる発見へと繋がっていかなければならない。

駐車場から見上げた東の夜空に、物理学者と奥様を乗せた夜間飛行のテールライトが消え去るまでぼんやりと眺めていた僕の心の表層に、そんな決意にも似た信念が浮上してきていた。

# 右脳暮らしという空海の教え

空港の駐車場から出て、途中ガソリンを補充してから海辺の小高い丘に建つ古いマンションに戻ってきたのは七時過ぎだった。まともに走れば一時間ちょっとかかるところを、さっきは五十分ほどで走破したことになるのだが、そんなことは不可能ではない。真に不可能なのは、五時十五分に空港ターミナルビルに車で到着した乗客が五時二十分発の飛行機に乗せてもらえるということのほうだ。

そんなあり得ない事実を目の当たりにしてきた僕が、かなり放心した状態で再び五階まで戻ってきたとき、業捨の行を行う部屋からは悲痛な叫び声が響いてきた。既に先取りしてご紹介していたとおり、同行してくれていた極真空手の男が行を受けていたのだ。

部屋の中に向かって、無事に物理学者ご夫妻を空港までお送りして戻ってきた由を伝えたところ、老人は中に入ってくるように指示する。見れば、うつ伏せになった男は手足をバタつかせながら「痛い、痛いッーー」を連発していたのだが、このときの僕の意地悪なやり取りについては既に書いたとおり。

そんな激痛に身悶えする男のことなどまるで眼中にないかのような老人は、部屋の中に突っ立っていた僕に向かって物理学者の様子を聞いてくる。僕は僕で、待ってましたとばかりに、空港までの車中でいただいたにぎり寿司の折りを食べてしまった上に、やはりこちらで手にしたもみじ饅頭やご自宅から用意してきていた細かく刻んだ果物までも平らげたと報告した。

「わしが、胃が生えてくるからお腹が空くぞと言ったとおりでしょう。そこまで元気が戻ったのなら明日からは以前のように働けるはずです。しかし、ようここまで連れてお出でじゃったなあ。御大師様の御縁をいただけたんですな」

業捨の手を休めることなく、つまり極真空手の男が痛みに顔を歪めている間、老人はそんなふうに僕を労って下さる。いささか面はゆい気持ちを押さえ込みながら、僕はさらに奇跡的に予定どおりの飛行機に乗ることができた経緯を話し、うなずきながら耳を傾けていた老人は満面に笑みをたたえて話しかける。

「そうですか、飛行機に間に合いましたか。不思議なお助けがありましたか。それこそが、空海が伝えた真言密教の教えですな。業を捨てて赤ん坊のままで日々を右脳暮らししていくなら、左脳で考えた常識の中ではあり得ないことまでもが身の回りで実現していくわけです。その右脳暮らしをどうしたらできるようになるかということまでも空海は教えて下さっており、それがこの業捨なんですな」

今度は僕のほうがうなずきながら神妙に拝聴していたのだが、老人の口から出てきた耳慣れない言葉が気になったのか、無意識のうちに

「右脳暮らし……」

とつぶやいていた。それに気づいた老人は、再び業捨の効果について語り始める。

「この前、業捨の行を受け始めてから行が終わってからも、頭がほとんど動かず何も考えられずぼんやりとしておったでしょう。業が消されていくのを嫌がって左脳を使って耐えられない痛みを捏造することで業捨を止めさせようとするのですが、行者がその激痛にさらされていくうちに左脳自体が鈍くなり、それまでは左脳が生む思考に阻まれて隠されていた右脳の働きが表面に出てきたらそうなるのです。そして、その状態で毎日を活きていくというのが、右脳暮らしというものです。

こうなると、赤ん坊のままで活きるということと同じで自我というものがありませんから、自分と他者、あるいは自分と自分以外という区別もなくなる。もう、すべては一つという真理を、理屈ではなく体感で納得するという境地ですな。一度そうなったなら、すべてのものが自分と一体となるわけで、当然ながら自分の周りではあらゆることがうまく流れていくわけです」

なるほど、老人が説く「右脳暮らし」というものは馬術競技で馬と騎手がまるで一つの存在となって見事に障害物を乗り越えていく「人馬一体」と同じようなものかもしれない。相手が慣れ親しんだ馬に限らず、すべてのものと一体となるというのだから、「自他一体」という表現がより適切かもしれない……。そんなことをぼんやりと思っていたら、ふとおもしろいことに気づいた。

右脳暮らしは赤ん坊に戻ることだとする老人の言葉を反芻していたとき、そういえば赤ん坊というのは生まれる直前まで母親の胎内でまさに母親とは一心同体の状態、つまり「母子一体」を言葉どおりに具現している状態に置かれていたのではないかと閃いたのだ。だからこそ、生まれて初めてこの世界の中で活き始めるときにも、まだまだ自他一体の右脳暮らしを続けていくことができる。

右脳が捉えた世界というものが、真に自分という我のない自分が宇宙全体と一つになっている愛に満ち溢れた存在として映るということは、実は拙著『唯心論武道の誕生』の中で既に感嘆と共にご紹介しておいた。合気、つまり愛魂の原理が自他融合の世界を生み出すことだと気づくことができた二〇〇八年の夏頃、岡山の道場に初めて稽古にきて下さったアメリカ帰りの女性脳科学者森本慶子さんに聞いた話だ。

アメリカでの森本さんのお知り合いの女性脳科学者ジル・ボルト・テイラーさんに実際に起きた出来事であり、当時のこの僕に

「愛こそは単一であり、すべては愛である」

という真実に気づくきっかけを与えてくれたのだが、その内容をかいつまむと次のようになる。

ジル・ボルト・テイラーさんは大学院で脳神経科学を専攻した医師であり、行動派の脳科学者でもあった。そのテイラー博士が、あろうことかある日の朝突然に脳卒中に襲われた。冷たいアイスクリームや氷を口に入れたときのように鼻の上の眉間の中央に頭痛があり、自分の身体の動きがどんどんと遅くなっていくことで脳卒中が始まったと判断したとき、身体は既に横たわってしまいこのまま誰も気づかず助けもこない状況が続いたなら死を迎えるしかないと直感したそうだ。

後に手術前の検査で判明したのだが、このときテイラー博士の左脳、つまり脳の左半球に広範囲の脳出血が起きていた。従って、左脳の機能はどんどんと低下していき、その結果正常な思考や発声、さらには文字や声の内容理解や記憶想起といったことができなくなっていく。このまま悪化していけば、もはや何もできないまま孤独な死を迎えることは必至。しばらく時間を置くとフッと思考力が戻る瞬間があったため、忍耐強くその瞬間を待ちながら博士は壊れつつあった左脳を使って同僚に電話をかけて助けを求めようとする。

しかし、左脳のごく一部分しか動かない状況では、自分の勤務先の電話を見つけることも難しい。おまけに、電話機のプッシュボタンに描かれている記号の意味を理解することもできず、電話口の相手に話そうとする音声が犬のようなうなり声にしかならないため言葉が話せないのだ。さらには、受話器から聞こえてくる同僚の声が雑音にしか聞こえない。

我々人間の正常な社会生活は、このようにすべて左脳の様々な精神機能が正しく組み合わされて初めて達成される、長年培ってきた精神的能力に完全に依存している。その能力が、ある朝突然に消滅したのだから、そのときのテイラー博士の窮地は想像を絶するものだったに違いない。

だが、そんな突然に崖から突き落とされたかのように感じるはずの絶望的な状況にあって、さらには途絶えることのない激しい頭痛に苛まれながらも、博士は得体の知れない不安どころかむしろ何か途方もなく大きく温かい無条件の幸福感に満たされていた。それはまさに神様に抱かれたかのような至福の時であり、このまますべてのものと一体となった至福の感覚が大きくなって神の下に召されることになるのだろうとわかっただけでなく、自らもそれを強く望んでいたのだ。

だが、脳神経科学を専門とする医師が自分自身で脳卒中を体験しただけでなく、そこに生まれた不可思議なまでの絶対的な幸福感や安心感の存在を今後の脳卒中治療に活かしていかなければという医師根性が、神に抱かれるように愛としての存在に戻るという究極の幸福を退けてまで助けを呼んで過酷な現実世界に生き延びるという道を選ばせた……。その前後の詳細については、テイラー博士自らが著した『奇跡の脳』(竹内薫訳＝新潮社)に詳しい。

こうして、突然に左脳を襲った脳卒中から生還したテイラー博士の実体験により、我々が普通に目や耳をとおして認識している世界像はすべてが誕生してからの体験や教育によって長い間に左脳が作り上げた精神作用が生み出しているだけのものであり、脳機能障害によって左脳が正常に機能しなくなった場合に初めて右脳の精神作用が生み出す世界像が表出することがわかった。

その右脳が見た世界というのは、左脳が勝手に作り上げた象徴だらけの世界像とは完全に切り離されたありのままの世界そのものだ。

テイラー博士の表現を借りるならば、左脳の機能が停止したときに見たテーブルを押さえている自分の手は、どこまでが自分の手でどこからがテーブルなのかまったく判別できない映像でしかなく、むしろ自分というものがどこまでも外界の中に繋がっていき、宇宙全体と一つになっている愛に満ちた存在と感じられる……。

空海（北村好孝・画）

生まれたての赤ん坊が見る世界は、まさにこのような右脳が捉えた自他融合の世界そのもののままに違いない。

それが、母子一体や自他一体といった神与の心を覆い隠すように左脳による思考が発達してくるにしたがい、左脳暮らしという地上へと堕ちてくる。まるで旧約聖書にある、天国を追放されたアダムとイブの物語が我々に訴えかけている内容と完全に呼応していることにも気づくことができた僕の中では、空海が千二百年前に中国の恵果和尚から授かった真言密教の教えと三原の隠遁者様から図らずも受け継ぐことになったキリスト教活人術とが徐々に重なり合おうとしていた。

恵果和尚（北村好孝・画）

## キリストの愛と合気への確信

あまりにも有名なイエス・キリストの教え「汝の敵を愛せよ」を前面に掲げながら、これまで六年以上にわたってキリスト教活人術を細々と伝えてきたのだが、確かに「愛」という言葉に惑う人達のほうが優勢だった。なかなか、「愛」とか「愛する」ということの真意を汲み取っていただけないまま、道場で実際にいくらやってみせても各自が理解することができる範囲ではとうていうまく伝わらないのが実状。

最近ではやむを得ず、インドで貧しい人々の間での奉仕活動に一生を捧げた聖人マザー・テレサのお言葉

マザー・テレサ

「愛の反対は無関心です」

を引用し、

「愛の反対が無関心なら、愛は関心を寄せるということです」

と説明しながら、キリストの教え「汝の敵を愛せよ」を

「汝の敵に関心を寄せろ」

とまで噛み砕いたこともある。

だが、それでは本当の「愛」の御業のほんの一部しか引き出すことはできないため、活人術の効果も限定的となってしまう。たとえ難解ではあっても、やはり各人の努力で真に「愛」というものを理解し具現できるようにしなくては、本当にキリスト教活人術を身につけることなどできはしない。まさに、「狭き門から入れ」というキリストの教えそのものなのだ。

こうして夏の剣山に始まる不思議な縁を頂戴することで、イエス・キリストの「愛」を弘法大師の教えの中から見直していくという機会に恵まれていく。

母子一体となっている赤ん坊だからこそ、赤ん坊は無条件にすべてのものを愛している。生まれての赤ん坊の存在自体が「愛」そのものといってもよい。赤ん坊にとっては、そこに「在る」ということが「愛する」ということに等しいのだ。

赤ん坊のように何も考えず、ただ在るだけ。それが弘法大師の行を現代に伝える広島の老人の言葉では「愛」ということに他ならない……。そう、ただそこに在るだけ……という愛。

そういえば、キリスト教あるいはその前身のユダヤ教において神とは

「在りて在るもの」

とされている。ということは、神はやはり

「愛し愛するもの」

となって、三原の隠遁者様がスペインのモンセラート修道院で夢枕に立ったキリストに

エスタニスラウ・マリア・ヨパルト神父（隠遁者様）

「愛の生け贄となれ」

と命じられて歩み始めた隠遁修道士の道は

「神の生け贄となれ」

という意味があったのだということまでも明らかとなるではないか！

神に差し出された生け贄として、隠遁者様は命じられるままに極東の果てにまでやってきて、人間社会からは完全に切り離された隠遁生活を五島列島や広島の山奥で続けておいでだった。人々の間に「在る」という「愛」さえも自ら封印し、そのことによって神への忠誠を示し続けるという苦行の道を選ばれたのだ。その上で、マルコ神父と共にモンセラートで修行してきたキリストの活人術を、さらなる高みへと昇華させることができたに違いない。

もはや、汝の敵を愛することさえ必要のない、ただただそこに在るだけで自分を殺そうとして近寄ってきた敵が改心し、笑顔で抱き合えるという愛魂のレベルにまで……。

だが、しかし。

いくら神様のお導きがあった故のこととはいえ、そんなすばらしい高みへと昇られていた隠遁者様の活人術を受け継いだ形となった僕には、とうてい隠遁者様のような厳しい生きざまは無理な相談。せいぜいがんばって、自分に襲いかかる相手を愛するということで実現するレベルに留まっているのが関の山。下手をすると、それさえも段々とおぼつかなくなっていきかねない。

要するに、このままではお先真っ暗となるのは火を見るよりも明らかだったはず。そんな危なっかしい後継者を哀れんで下さったのか、ここにきて神様は過酷な自力本願を強いる隠遁生活に代わる、痛みを伴うという点では同様に過酷ではあるが他力本願でも隠遁者様の高みへと導いてくれる業捨の行を示して下さったのだろう。

ただ、在るというだけで愛魂（＝合気）の効果が生まれることを悟らせるために。

これもまた既に紹介したことだが、一週間前の日曜日にあった東京道場での稽古でのこと。前日に初めて体験した業捨については、ただただ激しい痛みと全身に残る内出血のような真っ赤な痕跡に圧倒され、それが愛魂の効果に何らか影響を与えるとは思ってもいなかった。ところが、関東支部長をお願いしている木上篤志さんが最初に「合気上げ」の相手を務めてくれたとき、「これまでで一番高く一番早く簡単に上げられてしまった」と驚いていたのだ。

しかも、そのときの僕は未だ前日からの業捨の余韻が抜けやらず、いつもの稽古のときのように「汝の敵を愛せよ」というキリストの教えを実践するために稽古相手を愛するという内面操作など全くしていなかった。ただただ、生まれたての赤ん坊と同じ「そこに在る」という根源的な状況にしかなかったただけなのに、これまでで最もキリストの活人術における「愛魂」の効果が著しいものになっていたのだ。

それだけでは、ない。

日本武道の秘奥に位置する「合気」と呼ばれる神秘的な崩し技法の効果が、このキリスト教由来の「愛魂」の効果ときわめて似かよっているという僕自身の主張をいくら並べ立ててみたところで、「愛魂＝合気」というスキームを明確に示したことにはならなかった。単なる状況証拠的な裏づけでしかないのだ。だが、ここにきて「愛魂」と「合気」の同一性を裏づける情報が、偶然にも……いや、神の予定調和によってもたらされる。

それは、僕が真の合気を求めて四半世紀も前に入門した大東流合気武術の佐川幸義先生の道場での塩坂洋一先輩との対談が、武術専門誌『月刊秘伝』において企画されたときのこと。三時間以上にも及んだ意義深い話し合いの後半で、何と僕が全く知らなかった佐川先生の貴重なお言葉が先輩の口を衝いて飛び出してきたのだ。

塩坂先輩を含め数人の門人しか来ていなかったある日の午後の稽古でのこと、「合気」の何たるかを一言でわからせるために佐川先生が与えて下さったのが

「赤ん坊の手を持って上げさせてみなさい、それが合気だ」

というご教示だったという。しかも、それは佐川先生の師であり大東流合気武術を実質的に興した天

才武術家・武田惣角による、

「赤子の合気」

という口伝奥義に他ならないとまでも！

運悪く僕自身はその場に居合わせていなかったのだが、四半世紀以上もの年月を経てその対談の席でやっと耳にした師の教えの意味を僕がすぐに受け止めることができたのは、まさに業捨の行により生まれたての赤ん坊の状態に戻すことによって愛魂の効果が際だってしまうという体験を得ていたからだ。

「なるほど、合気の最高峰に達していらした佐川幸義先生もまた、合気というものが赤ん坊の所作の中に見出されると看破されていたのか！　ということは、赤ん坊の状態で自然のままに在ることで発動する愛魂と合気は、やはり同じものとなるではないか！」

これが、僕の心の中で「愛魂＝合気」というスキームが百パーセントの確信をもって確立した、記念すべき瞬間における閃きに他ならない。

再度、はっきりと述べておこう。空海が千二百年前に伝えたという業捨の行には、合気という日本武道の奥義を修得するための効果絶大な他力本願技法という側面が、確固として存在する。

努々、忘れることなきよう願いたい。

## 弟子に教えられる

翌日の夕方物理学者の秘書嬢から連絡が入り、驚きの声で詳しい報告があった。これまでなら火曜日に二時間しか顔を出さなかったにもかかわらず、早速月曜日の朝から研究所に出てきた物理学者は、所内の皆に赤黒く染まった上半身を元気に見せて回っていたそうだ。その上、秘書嬢にはこんなことを漏らしてもいたとか……。

「俺はね、今回の保江さんの言うことは全く信じていなかったんだ。しかし、わざわざやってきてくれ、あんなに親身になってくれるので、しかたなく彼の顔を立てる意味で無理して広島に行ったんだよね。それが、こんなにすごいことになるとは……世の中にはまだまだ不思議なものがあるんだ」

ともかく、よかった。

受話器を置きながら、僕は安堵とともに天に向かって感謝していた。

その後いつでも再び広島空港で迎える心づもりをしていたのだが、その都度僕に迷惑をかけるわけにはいかないと思った物理学者は、翌十二月に息子さんを伴って二度広島にやってくる。空港で借りたレンタカーを息子さんが運転し、業捨の老人の古いマンションの近くの温泉に泊まって行を受けるためだった。そう、理性と科学的思考の権化と目されていた物理学者は、この弘法大師が伝えたという真言密教の行に己の存在を託したのだ。

人間として、科学者として、真に今ここに在るという「愛」を全力で示すことができるように……。

あれは、その年のクリスマスのことだった。ヨーロッパのキリスト教国と違って、我が国ではクリスマスは休日にはならないのだが、僕がお世話になっているカトリックの修道女会が経営する大学ではクリスマスは休日となる。その日も、世の中は平日で慌ただしい師走の様相を呈してはいたが、僕はのんびりと昼前に起きてきて二階のベランダで冬の日溜まりを惜しんでいた。

そのとき、珍しく固定電話の呼び出し音が鳴り渡り、ベランダからすぐに飛び込める娘の部屋の子機から受話器を取り上げる。流れてきたのは、あの物理学者の声。どうしても直接に礼を伝えたかったという、僕にとってはまさに涙なくしては聞くことのできない響きを秘めた通話が終わったとき、僕は遠く関東の方向に向かって深々と頭を下げていた。

この僕が、ともかく少しはお役に立てたのかもしれない。それが可能となったのは、自分一人の力によるものでも何でもない。不思議なご縁をいただいた医学部教授に紹介され、自分の身体で試した上で物理学者にも薦めることができた業捨の行を施して下さった広島の老人のおかげだった。

そういえば、この僕は昔から一匹狼、いや、一匹の迷える羊だった。何をするにも、一人で孤軍奮闘。それしか、脳裏には浮かんではこない。これまで、誰とも協力したことなどないし、ましてや誰かに助けてもらうなどということは絶対に受け入れてこなかった。

それが、今回は違う。物理学者の奥様と秘書嬢に請われたあげく、単に新聞広告で名前を見たというだけの見ず知らずの医学部教授に助けられ、紹介された不思議な老人にも助けられ、こうしてその物理学者本人から感謝されているという事実。

今さら、「一人じゃない」などという青臭い台詞を吐こうとは思わない。だが、「人間」というものがわざわざ「人」の「間」と書かれることの意味が、

「そもそも人間とは一人で生きるにあらず、共に生きるものなり」

というところにあるのではないかと思えるようにはなってきていた。

思えばその年の正月三日に隠遁者様の庵跡を訪ねての帰り、何故か東京に道場を作らなければという思いに駆られ、がむしゃらに走り続けてきたこの一年間。三月十一日の東日本大震災と、その後に起きた悲惨な福島原発事故によって疲弊していく日本列島の中では、この僕ですら真剣に生きざまを振り返ろうとしていた。そんな憂うべき状況の中で、まさに予定調和としか思えないような不思議なご縁で繋がってきた人々に助けられている自分自身に気づき、助けられることでさらにより深い理解へと道が切り開かれてきたのだ。

合気の道の、さらにその先へと続く……。

むろん、はっきりとわかっていたわけではなく、ただ何となくそんなおぼろげな印象が浮かびかけていた程度ではあった。それが一つの確固とした考えとして頭に浮かんできたのは、実は岡山で道場を始めた頃からの古い門人の一人、大学で体育や健康科学を教える八頭芳夫さんに駄目押しを喰らったからだ。

年末までに仕上げなくてはならないという、大学紀要に載せる予定の書評の校正を依頼され、送られてきた原稿にざっと目をとおしたときのこと。あの医学部教授が著し、その出版広告が目に留まることで一連の不思議な出来事の連鎖が始まることになった『人は死なない』という本の書評を八頭さんが書いた原稿（本書の巻末付録として全文を引用）の最後の数行に、僕の気持ちは完全に釘付けとなった。

何故なら、そこに明示されていたのは

「人は魂に気づき、魂に誠実に生きることが大切であり、その生きざまは人と人、人と自然、国と国が完全に共生する社会の実現に不可欠となる」

という、「共生社会」ないしは「共生宇宙」といったものを実現するという人間のレゾンデートル（存在理由）そのものだったのだから。そして、ついにはすべてを理解できる瞬間を迎えることができた。大いなる悦びとともに……。

そうか、「共に生きる」というのが人の本来の姿であり、それを「愛」と言い表していたのか！

ということは、他の人々や、社会、国家、地球世界、そして宇宙の全存在と共に生きるという世の中に寄与する人ならば、単にそこに在るというだけで愛を具現していることになる。あるいは、

「在るということが、愛そのもの」

と表現してもよいだろう。そして、その意味において、共生宇宙においては

「すべては愛でできている」

ことになる。

こうして、本当に弟子に教えられるという形で、これまで追い求めてきた「愛魂」すなわち「合気」の本質に触れることができた。共に生きるという人間の本来の姿に人々を戻すための「道」だという……。「合気の道」……それは自分というものに敵というものが襲いかかってくるとき、本質的に自分だけが生き延びるための「武道」の先に垣間見ることができる、自分も、敵も、周囲の人々も、社会も自然も、そして宇宙全体までもが渾然一体となって共に生きる姿へと我々を導いてくれる「神ながらの道」に他ならない。

そう、まさに、そうなのだ。まさに、大東流合気武術宗範・佐川幸義先生の道場に示されていた、合気の何たるかを門人達に教えて下さる直筆の書にあるとおりだった……。

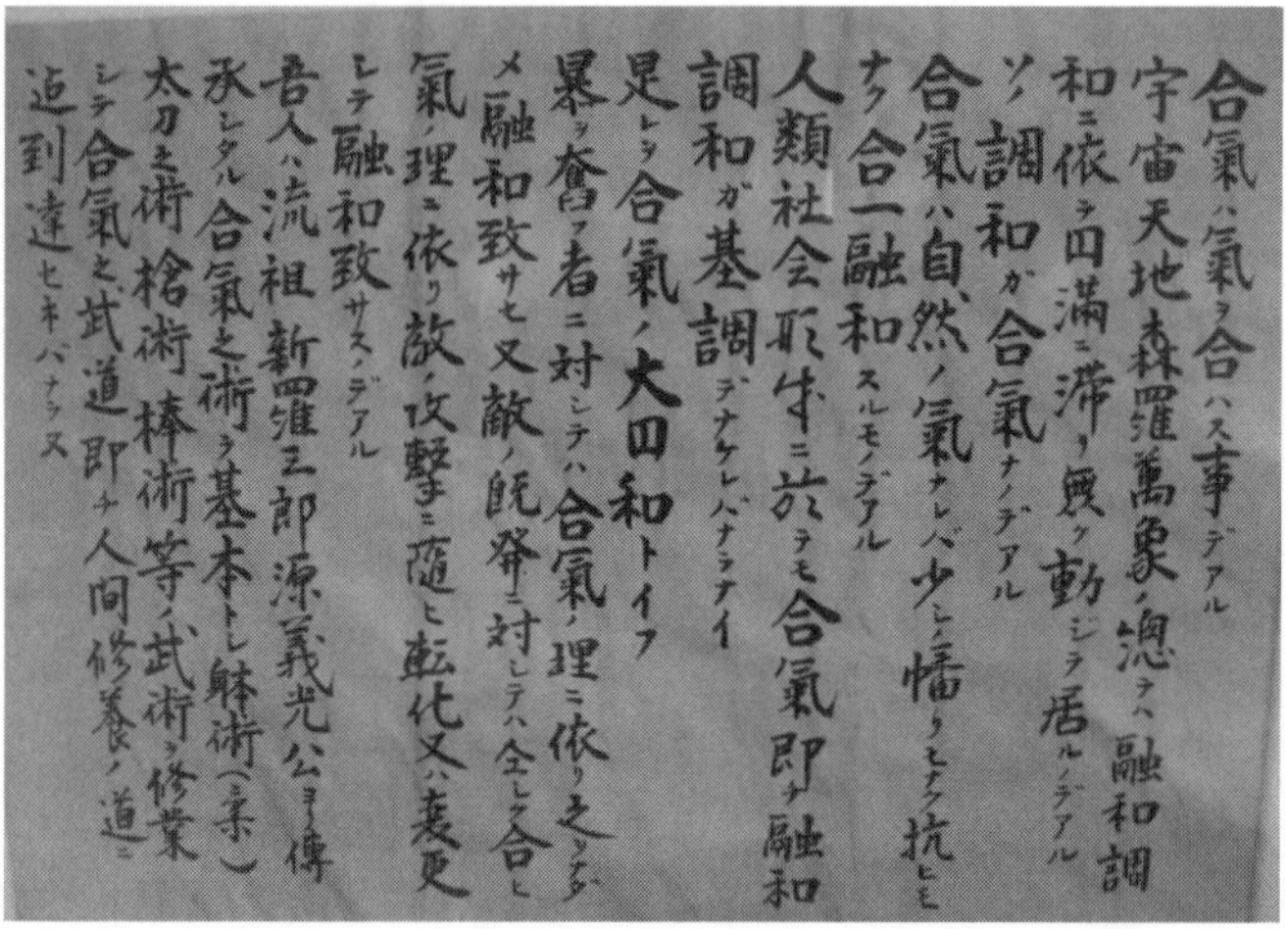
合氣ハ氣ヲ合ハス事デアル
宇宙天地森羅萬象ノ總テハ融和調
和ニ依テ円満ニ滞リ無ク動ジテ居ルノデアル
ソノ調和ガ合氣ナノデアル
合氣ハ自然ノ氣ナレバ少シノ悋リモナク抗ヒモ
ナク合一融和スルモノデアル
人類社会ニ於テモ合氣即ナ融和
調和ガ基調デナケレバナラナイ
是レゾ合氣ノ大円和トイフ
暴ヲ奪フ者ニ対シテハ合氣ノ理ニ依リ之ヲ包
メ融和致サセ又敵ノ既発ニ対シテハ全ク合シ
氣ノ理ニ依リ敵ノ攻撃ニ随ヒ転化又ハ変更
シテ融和致サスノデアル
吾人ハ流祖新羅三郎源義光公ヨリ傳
承シタル合氣之術ヲ基本トシ躰術(柔)
太刀之術槍術棒術等ノ武術ヲ修業
シテ合氣之武道即チ人間修養ノ道ニ
追到達セネバナラヌ

大東流合気武術宗範・佐川幸義先生直筆による合気の解説

# おわりに

　こうして、西暦二〇一一年の三百六十五日は、僕にとってきわめて貴重な日々として心に深く刻み込まれていった。この僕が長年追い求めてきた、「合気」と呼ばれる日本武道の奥義についての、真の理解とともに……。

　翌年にあたる二〇一二年に突入してからは、そうして得られた意義深い気づきが引き金となったのか、合気や武道からは離れていく流れが湧き起こってくる。三原の隠遁者様が目指しておられたカトリック、プロテスタント、その他のキリスト教、さらには仏教や神道、イスラム教に帰依する信者達、あるいは無宗教の人々までもがただただ「愛」によって集まり「共に生きる」ことを目指す「コムニタ（Comunitat）」というＮＰＯ組織を立ち上げたのが二月十八日。

　考えてみれば「コムニタ」という名称は、隠遁者様が今も眠るモンセラート修道院があるスペインのバルセロナ地方の方言で、それが意味するところはまさに「共に生きる」ということだった。ところがこの愚かな後継ぎはそんな重要な事実に気づくこともなく、せっかくお伝えいただいたキリストの活人術「冠光寺眞法」を武道との関連のみで捉え続け、「冠光寺流柔術」や「冠光寺一刀流」などとして道場に集う人々にだけ広めてきていたのだ。

思えば二〇一一年の正月三日に北村好孝君と炭粉良三さんと共に懐かしき隠遁庵を訪ねたとき、そんな情けない僕であっても隠遁者様は再び導いて下さったに違いない。その結果、帰路の車中で何故か東京に道場を作ると口走ってしまう。

こうして、本文でご紹介した神の予定調和の如き不思議なご縁と出会いを経て、丸一年を費やす形で「共に生きる」という「愛」の真意にまでたどり着く。しかも、それが「合気」の真髄、いや神髄でもあるという「合気の道」に対する真の理解をも伴って。

ここまで導かれれば、愚かな弟子であってもようやく「共に生きる」という「愛」を実践し広めていく土台としての「コムニタ」の必要性を感じ始めていたのだろう、年明けすぐにそういう流れが周囲に湧いてくる。キリストの活人術を「共生社会」の実現への一助として有志の人々にお伝えする集まり「NPOコムニタ活人塾」が立ち上がるまでには時間はかからなかった。

その活人塾へと集って下さった皆さんに、これまた順次ご縁を頂戴する中で、やはり不思議な巡り合わせとなるのだが神道、古神道、修験道の行へと導かれていく。しかもそこに用意されていたのは、今から九年前にガンで死にかけて以来途絶えていた、物理学者としての僕のライフワークだったUFO（未確認飛行物体）研究にまでも帰還することになる衝撃の出会いと事実だった。

今まさにその真っ直中にいる興奮状態では、なかなか自分の神秘体験の数々を客観的に現場中継することもおぼつかない。ここは、二〇一二年に身の回りに起きつつある一連の出来事に一応の終止符が打たれ、現在進行形ではとうてい理解すらできない背後に潜む予定調和の意味までもが判明する時期まで待つというのが得策。

というわけで、何やらマヤ歴でこの世の最後だとされる二〇一二年の年末まで数ヶ月を残した時点で、二〇一一年という一年間に隠遁者様のお導きで頂戴した数々の教えについてのみを公表しておくことにする。ただし、せっかく真に合気を理解し合気の道の遙か先までをも見渡せるようになったのだから、二〇一二年になってから授かった幾つかのご縁の中で知り得た合気についての衝撃的な事実についてだけは先取りでお伝えしておきたい。

それは、そもそも運動音痴でスポーツ嫌いの上に別に他の人より強くなりたいとも思ったことすらないこの僕が、いったい何故に「合気」という武道の秘奥に多大な興味を持ち各地で道場までも開いて有志の人々に「合気」を伝えてきたのかという個人的な疑問に対する答にもなっている。

特に進行した大腸ガンで死にかけたとき、その昔に三原の隠遁者様に教えていただいていたキリストの活人術としての「愛魂」という技法が「合気」と同じ効果を生み出すことに気づき、実際に多くの人達に教え始めてからこの方片時として僕の意識から離れることのなかった大いなる疑問。たとえ道場稽古の畳の上でのこととはいえ、そしてそれが「愛魂」と呼ばれる活人術の技を修得するためだとはいえ、自分を攻撃してくる相手を「汝の敵を愛せよ」というキリストの教えによって何故に「相手の身体を自在に投げ倒す」必要があるのか!?

たとえ敵が攻撃してきたところでその敵を愛することで相手が敵対しなくなるのであれば、何も相手の身体を投げたり倒したりせずに、単に握手するなりハグするなどして互いに笑い合うだけでよいではないか!! それなのに、相手を愛することで相手の身体を自在に操り、まるで武道の投げ技が効いたかのような動きを相手の身体にさせてしまう稽古を、どうしてしなくてはならないのか??

このきわめて本質的な疑問は、何も僕自身だけが抱いていたわけではない。道場で稽古する門人達、特に女性の門人達の中には、僕が

「はい、攻撃してくる相手を愛すれば、相手の身体はこちらの都合のよいように勝手に動いて倒れてくれます」

などと解説しながら実際に合気(=愛魂)の技法を見せたとき

「それなら何も投げ倒したりしないで、単に笑顔で手を差し伸べ、それに連動して相手が笑顔で握手してくるようにするだけでよいのではないですか?」

といぶかしげな表情で聞いてくることが少なくはなかったのだ。

合気や愛魂についてなら他のどんな質問にも自在に答えられたのだが、いかんせんこの質問に対してだけは僕もずっと答を見つけられないでいた。曲がりなりにも「合気」を修得し、道場を開く

ようになってからの六年間の長きにわたって……。それが、ついにその答を得ることができたのだ。二〇一二年五月十一日、朝目覚めた瞬間のこと。

それは、

「合気、つまり愛魂とは、ＵＦＯを操縦するための技術であり、身近なところにＵＦＯがない間はとりあえずＵＦＯの代役として一人の人間を相手にその身体を様々に操縦する技法を練習していくのが最も効果的となる」

という、まともな皆さんからは変人扱いされること必至のトンデモない内容だった。変人どころか、この僕が本当に気が狂ったとしか思えないように映るはずの答が湧いて出たのには、実は前日に布石があったのだ。

前日の五月十日のこと、丹波の山奥に奉られる神社でご縁をいただき、これまた合気と同様に僕が長年追い求めてきたＵＦＯの構造についての驚くべき事実を知らされた。それは、一機のＵＦＯを形作る何百万個もある部品のそれぞれが、すべて広い意味の「気持ち」を持っているということ。そして、ＵＦＯを操縦するパイロットがＵＦＯのすべての部品と気持ちを一つにすることができるなら、ＵＦＯは完全に機能して自在に動き回ってくれる。

そんな話を実際にＵＦＯに接触したことがあるという人から聞いたわけだが、そのときには

「なるほど、ＵＦＯを操縦するのは要するにＵＦＯを愛し、合気で操るということか」

などと自分で大いに納得していた。しかも、

「それなら、今度身近にＵＦＯが飛来したなら、一度試してみてやれ」

などとまで思い始める始末。

おまけに、「そういえば……」という感じで、既に忘れかけていた一つの出来事を思い出してもいた。それは、東京に住む姪を広島の老人のところに連れていき、業捨の行を受けてもらったときのことだ。初めて業捨を受けた直後、姪は瀬戸内海に夕日が沈む美しい景色を眺めながら、業捨によって右脳支配になった大自然との一体感の心地よさでボーッとしていたという。

そのとき、眼下に延びる吊り橋のすぐ上を何やら光る物体がゆっくりと飛んでいった。最初はさほど気にもせずに眺めていた姪だが、光る物体が橋から離れていくころには「あれって、ＵＦＯかもしれない」と思い携帯電話で何枚か続けて撮影することができたのだ。その中の一枚を今回の表紙カバーに使わせてもらったのは、たった一回の業捨で赤ん坊の無垢な心に戻れた彼女の「赤子の合気」で、実際にＵＦＯが近づくように操ることができたのかもしれないと信じたいという強い思いからの

こと。

さあ、『合気開眼――ある隠遁者の教え――』に始まり、『唯心論武道の誕生――野山道場異聞――』を経て『脳と刀――精神物理学から見た剣術極意と合気――』に至る「合気三部作」に引き続いた僕個人による合気探求の実録物語に、今回の『合気の道――武道の先に見えたもの――』で終止符を打とう。

次に海鳴社から出していただくとしたら、それはおそらく『黎明』（葦原瑞穂著＝太陽出版）や『唯心論物理学の誕生』（中込照明著＝海鳴社）を凌ぐ革新的な哲学書となるものでなければならない。はたして、そんな大それたことが実現できるか非常に心許ないのは確かだが、いつもの僕の悪い癖でまず先に公言することで己の首を絞めていく。いつのことになるかはお約束できないが、これまで拙著を手元に置いて下さった皆さんのご期待を裏切ることだけはしないつもりなので、どうか気長にお待ちいただければと願う。

乞う、ご期待！

二〇一二年九月吉日

保江邦夫

# 付録　八頭芳夫さんによる書評

## 書評『人は死なない』（矢作直樹著＝バジリコ）

『人は死なない』（二〇一一年九月初版）の著者である矢作直樹は、東京大学医学部附属病院救急部・集中治療部の部長である現役医師で、東京大学大学院医学系研究科救急医学分野の教授である。

矢作は昭和五十六年金沢大学医学部卒業。その後、麻酔科を皮切りに救急・集中治療、外科、内科、手術部などを経験。平成十一年東京大学大学院新領域創成科学研究科環境学専攻および工学部精密機械工学科教授。平成十三年東京大学大学院医学系研究科・医学部救急医学分野教授および医学部附属病院救急部・集中治療部部長の経歴を持つ。

医師であれば、所謂科学的な立場でものを言うのが一般的である。また昨今よく言われるエビデンスも疫学的なデータに基づき、統計に頼った科学である。人の生死に関わることで、科学では説明のつかないことは起こっているはずであるが、その立場から科学で説明がつかない事実に対して目を瞑ってしまうことが多い。

矢作直樹の『人は死なない』が特筆すべき点は以下の点にあると考えられる。

一つ目は著者が現役の救急救命の医師であること。医師は人の死に際に最も近い場所にいる職種であり、特に救急救命であれば日常的に臨終に立ち会っていることは想像に難くない。著者が「生と死の交差点」と呼んでいる場が日常なわけである。

そうした現場で本来なら容易に助かるような患者の死や、もはや助からないと考えられるような患者の蘇生を目の当たりにし、それに対して真摯に向き合っている。つまり人の生死が科学に基づいた近代医療の力を凌駕した何かによってもたらされることがあることを報告している。死が日常であるとややもすると死に慣れてしまい、死に対して鈍感になってしまいがちであるが、著者は一つひとつの生死に対して誠実に向き合っており、現場での実際が著されている。所謂近代科学としての医療では説明がつきにくい事実を、誠実に受け止めている。

二つ目は代替医療の可能性を否定していないこと。代替医療とは民間療法などを含む医学部で学ぶことのない健康へのアプローチの方法であるが、最近では同じく医師である帯津良一氏が太極拳を治療に取り入れているなどしており、年々代替医療の役割が高まっているように感じられる。

矢作も統合医療のアンドルー・ワイル等を紹介しつつ、自らも気功を体験しており、その効果を認めている。代替医療に関しても「このように多くの人が可視化、体験できる現象でさえ、現在の医学知識ではそう簡単に解明できません。ただ確実に言えることは、現に『それはある』ということです」としており、やはり科学では説明がつきにくいことを事実として認めている。

三つ目は、そうした著者の立場から科学と宗教について論じていること。科学と宗教は相容れない、全く逆向きのベクトルのものと捉えがちである。著者は世界三大宗教や日本の神道と向き合い、生死に対して正面から取り組むべく努め、宇宙やサムシンググレートについても言及している。

実際、ビッグバン理論を提唱したジョルジュ・ルメートルがカトリックの司祭であったり、日本を代表する理論物理学者である保江邦夫はカトリックに纏わる奇跡を体験しており、世界的な科学者が宗教と深くかかわっている。著者である矢作はそれを摂理と呼び、事実と認めている。

歴史上でもレオンハルト・オイラーなどの希代の科学者が神職の子息であることは珍しくなく、西洋においては科学と宗教は反駁していなかったと想像できる。

四つ目は、憑依現象、幽体離脱、臨死体験に対して、現場での事実として伝えていること。様々な非科学的な現象を私たちが知った場合、事実であるかどうかの判断がかなり難しい。盲目的に信じてしまうのも得策ではない。著者も普通では説明がつかない経験をしており、説明がつかない事実として著している。

五つ目は、著者のご母堂の死に纏わる体験のこと。所謂交霊も体験しており、おそらくこうしたことを伝えるのは勇気がいることと想像できる。著者の立場で霊媒師を介して死んだ母親との交霊を描写している部分は興味深い。

六つ目は、学術的な水準でスピリチュアルに対して真摯に取り組んでいること。古くはスウェーデンボルグなどの研究に時間を費やし、人はスピリチュアルを抜きにしては考えられないことに言及している。

しかし魂の存在であることを認めつつ、ややもすると逆に肉体を蔑ろにする考えに走りがちであるが、心身を調子よく保つことの大切さも、勿論認めている。肉体をも重んずる考えの具現が東大病院救急部の改革である。著者が東大で医学生に講義を行ったときに東大病院には身内を入院させたくないと、東大医学生の誰もが考えていたようである。その東大病院の改革を図り、「身内を必ず入院させたい病院」への変貌を実現させようとしている。肉体を救う病院の改革を後述の「利他」行為として実践しているわけである。

全体を通して、救急救命の現場に立つ著者が、結局は人の生死は何か大きな力によって決められているということを事実として感じていることを、繰り返し説明している。文章を読んでいると、著者は医師ではなく宗教家ではないかと感じてしまう時がある。立花隆著『臨死体験』（文藝春秋）にもあるが、人の死後、肉体が消滅すると同時に魂までもが消滅するわけではなく、魂は死なないということを著者は感じているのだろうと考える。つまり人が単に肉体的な存在だけではなく、魂の存在であることを述べている。人が肉体の存在にすぎなければ、この世だけの存在であり、死ぬことによって全て無になってしまうのであれば、まさにこの世ではやりたい放題が可能になってしまう。恐らくそこには共生はあり得ない。

魂の存在である人が今生で生を全うするために、「人間の良心」、「利他」、「足るを知る」ことの大切さを説いている。このような考え方はケン・ウィルバーの「トランスパーソナル心理学」にも見られるが、こうした考え方が共生を実現するための根本ともなる考え方であり、魂の存在としての人であることを改めて認識しなおすことが共生社会実現への第一歩ではないかと考える。

星槎大学共生科学部では、共生を科学し、共生社会の実現に向けて「人と人」、「人と自然」、「国と国」の共生を考察している。しかし我々がこの世だけの存在であり、死ねばすべてがなくなってしまうとしたら、この世を謳歌するだけのやりたい放題の世の中になってしまうであろう。共生の根源には、人として論理や感情を超越したものが必要である。

WHOでは一九四六年に健康を定義しており、「健康とは単に疾病がないだけでなく、身体的、精神的、社会的に完全に良好な状態」とした。そしてこの定義には、日本語では霊的と訳されるスピリチュアルという言葉を含むべく二十一世紀近くまで議論されてきた。スピリチュアルに関しての定義は、研究の数だけあるのが実際であり、混沌として曖昧でもある。

共生を考えるときに、人のより根源的なことを理解すると共生社会の実現に近づくと私は考えている。より根源的なことを魂と呼ぶこともできると考えるが、矢作は結局『人は死なない』の中で人が魂の存在であることを説き、魂の具現として「人間の良心」、「利他」、「足るを知る」の大切さを説明している。「人間の良心」、「利他」、「足るを知る」が共生社会にとってきわめて重要であることは言うまでもない。

評者は健康を指導することを生業としており、学生や職域における労働者に対して、健康指導を行っている。そこで感じることは、生きていく過程でその時折に出現する課題に対処することのみに目を向けていても、つまり自分以外の外側のみに注目していても結局はうまくいかなくなる可能性がある。抗ストレスに有効と考えられているアーロン・アントノフスキーの「ストレス対処能力 Sense of Coherence (SOC)」の考え方にしても、エキセントリックに問題に対処するのではなく、コンセントリックに自分自身を見つめる作業である。魂は人の根源に近い部分にあるものと考えることができ、従って生きるということは魂に気付き、魂に誠実に生きることが大切であると、矢作は主張しているように感じる。その生き様は共生社会の実現の助けになると考える。

私たちは時として、現代科学では説明のつかない事態に遭遇するが、科学で説明がつかないが故に、錯覚だとか気のせいだとかで納得しようと努める。しかしそうした事態が錯覚とか気のせいと証明されているわけでもない。二十一世紀もかなり過ぎた今、魂に気付き、人生は自分の感情や欲望を満足させることではなく、魂の水準で生を全うするべきなんだと、『人は死なない』を読むと、痛烈に感じ取ることができる。

著者：保江 邦夫（やすえ くにお）

岡山県生まれ．

東北大学で天文学を，京都大学と名古屋大学で数理物理学を学ぶ．

スイス・ジュネーブ大学理論物理学科・東芝総合研究所を経て，現在ノートルダム清心女子大学大学院人間複合科学専攻教授，専門学校禅林学園講師．

大東流合気武術佐川幸義宗範門人．冠光寺眞法隠遁者．

著書：『数理物理学方法序説（全８巻＋別巻）』（日本評論社），『武道の達人』『脳と刀』『合気開眼』『合気眞髄』『量子力学と最適制御理論』（以上，海鳴社）など多数．

合気の道

2012年９月７日　第１刷発行

2014年９月９日　第２刷発行

発行所：㈱海 鳴 社　http://www.kaimeisha.com/

〒101-0065　東京都千代田区西神田２－４－６

Eメール：kaimei@d8.dion.ne.jp

電話：03-3262-1967　ファックス：03-3234-3643

発 行 人：辻　信行

組　　版：海 鳴 社

印刷・製本：シ ナ ノ



ISBN 978-4-87525-292-4



出版社コード：1097